WHY GRACE CHANGES EVERYTHING

척 스미스의 **은혜**

하나님의 복의 문을 여는 열쇠

척 스미스 목사 지음

갈보리채플 극동선교회
THE WORD FOR TODAY KOREA

WHY GRACE CHANGES EVERYTHING
by Chuck Smith
© 2007 The Word For Today
Published by The Word For Today
Translated by permission of The Word For Today

TWFTK(The Word For Today Korea)는
성경은 하나님의 온전한 계시의 기록이라고 믿고,
성경 말씀을 온 세상에 가르치도록
훈련하는 기관입니다.
홈페이지: www.FarEastMission.org
전화: 041)557-4607

Korean edition
© 2009 by The Word For Today Korea
본서에 나오는 모든 성경 구절들은 킹제임스 흠정역
성경전서(2008년)로부터 발췌한 것입니다.

나의 소중한 아내 케이에게,
그녀의 성실함과 사랑은
일관성 있는 영감입니다.

차례

하나님과의 사랑의 관계 …… 7
1. 용서받음 …… 17
2. 그 문은 절대로 닫혀 있지 않습니다 …… 29
3. 천국에는 차별이 없습니다 …… 41
4. 은혜의 초상 …… 57
5. 한 번에 한 걸음씩 …… 69
6. 정원이지 공장이 아닙니다 …… 85
7. 믿음으로 받는 복 …… 99
8. 갈등은 시작되고 …… 111
9. 이젠 정말 자유입니다! …… 125
10. 그들이 제멋대로 살지 않을까요? …… 137
11. 위장 폭탄과 지뢰 …… 151
12. 전부 지키지 못하면 소용 없습니다 …… 165
13. 왕가의 가족들 …… 179
14. 우리의 유일한 책임 …… 193

하나님과의 사랑의 관계

"하나님은 당신을 사랑하십니다!" 라는 간단한 문장의 의미를 깊이 생각해 본 적이 있습니까? 이 말은 누구나 이해할 수 있는 가장 중요한 진리를 내포하고 있는데, 그것은 하나님이 우리와 사랑의 관계를 가지기 위해 우리를 부르셨다는 사실입니다. 우리 쪽에서 할 일이라고는 단지 하나님이 우리에게 베풀어 주시는 보살핌과 긍휼을 신뢰하고 받아들이는 것입니다.

하나님과의 사랑의 관계에서 오는 자유함과 기쁨을 경험하는 것은 얼마나 귀하고 아름다운 일인지 모릅니다. 그럼에도 불구하고 많은 사람들이 율법적으로 하나님과의 관계를 가져 보려고 애쓰는 것을 보면 얼마나 안타까운지 모릅니다! 그들은 그들의 의로움의 근거를 하나님이 그들을 위해서 이미 행하신 일보다는 자기들이 하나님을 위해 할 수 있는 일에 두고 있습니다. 하나님과의 관계를 유지하기 위해 '해야 할 일들과 해서는 안 될 일들'의 목록을 항상 가지고 다니면서 말입니다.

나도 그런 억압적이고 소극적인 의로움에 대해 전혀 모르는 바는 아닙니다. 어린 시절에는 늘 내가 동네에서 가장 믿음이 좋은 아이들 중에 하나라고 생각했습니다. 왜냐하면 해서는 안 될 일들을 하지 않았기 때문이죠. 담배도 안 피웠고, 춤추는 곳에도 가지 않았으며, 영화도 보러 가지 않았습니다. 그러한 것들은 아주 죄스러운 일들이라고 배웠기 때문입니다. 그래서 그런 일들은 하지 않으려고 피했을 뿐만 아니라 그런 일에 정신이 팔린 믿음이 약한 친구들보다 내 자신이 훨씬 더 의롭다고 믿었습니다. 담배 꽁초를 주워 숨어서 몰래 피우는 목사님의 아들보다 내가 훨씬 더 거룩하다고 생각했지요. 나는 그러한 모든 아이들보다 내가 더 훌륭하다고 생각했고, 하나님이 그것을 알고 계신다고 확신했습니다.

그럼에도 불구하고, 내게는 여전히 큰 문제가 있었습니다. 비록 가지는 않았지만 마음속으로는 백설공주 영화가 보고 싶어 견딜 수 없었고, 그로 인해 나는 죄책감에 사로잡혔습니다. 주일 저녁마다 나는 다시 구원받아야 했고, 다음 주에는 달라질 것이라고 하나님께 약속하곤 했습니다. 하지만 그 약속은 월요일 아침까지만 지켜져도 다행이었습니다.

나의 의는 나의 의지와 노력에 달려 있었기 때문에 오래 가지 않아 하나님과 나의 관계는 굉장히 힘들어졌습니다. 나는 매년 여름 우리 교회의 청소년 캠프에 참여하곤 했습니다. 마지막 날 밤에는 언제나 큰 장작불을 피워 놓고 둘러 앉아 "내게 있는 모든 것을 주께 드리네!"와 "끝까지 주님 따라 가겠네!" 등의 찬송을 불렀지요. 분위기가 무르익어 감정이 극한 상태가 되면, 우리는 하나님이 우리의 삶에서 변화시키기 원하시는 부분이나 하나님 앞에 우리가 헌신하고 싶은 일들을 종이에 적을 것을 요구받았습니다. 그 다음에는 적은 종이를 접어서 솔방울 속에 밀어 넣은 후 타는 장작불 속으로 던져 넣었지요. 내 솔방울이 타는 것을 보면서 나는 눈물을 흘리곤 했습니다. 그리고 나는 하나님께 그분의 사랑에 의해 내 삶이 불타기를 원하고, 내 자신을 온전히 주님을 섬기는 일에 바치기 원한다고 말하곤 했습니다.

야영 집회가 끝나면 우리는 선생님들을 따라 '앞으로 일 년 동안은 하나님의 은혜로 극장에는 절대 가지 않고, 담배도 피우지 않으며, 술도 입에 대지 않고, 천한 말은 입에 담지 않으며, 물론 춤을 추러 가지도 않을 것을 약속합니다' 라는 말이 기록된 카드가 쌓인 테이블로 갑니다. 거기서 결단의 카드에 서명한 후 일 년 동안 늘 지갑에 넣고 가지고 다니는 것이지요.

하나님과의 사랑의 관계

나는 결단을 지키려고 노력했지만, 결국 하나님과의 관계는 메마르고 율법적인 관계가 되어 버리고 말았습니다. 계약에 의해 하나님께 매여 있었기 때문에, 나는 그리스도와 동행하는 삶 속에서 거의 기쁨을 찾지 못했지요. 나는 약속한 것을 어길 수가 없었습니다. 내가 서명했고, 내가 날짜를 기록했으며, 또 그것을 항상 지갑에 넣어 가지고 다녔기 때문이지요. 나는 내가 약속한 것을 지키는 일에 헌신했습니다. 그러면서 한편으로는 하나님이 나의 이러한 노력에 대해 보상을 하셔야 한다고 굳게 믿었습니다. 하나님이 나를 잘 대해 주셔야 한다고 생각했는데, 적어도 약속을 지키지 않고 결단한 대로 살지 않는 다른 아이들보다는 나에게 복을 더 많이 주셔야 한다고 생각했습니다.

그런데 이게 웬일입니까? 결코 나보다 의롭지 못한 내 친구들이 항아리 속의 젤리 빈 숫자 맞추는 게임에서 일등하고 상을 타는 것이었습니다. 나는 화가 나서, "하나님, 이런 법이 어디 있습니까?"라고 불평했습니다. 생각하면 할수록 이해가 되지 않았습니다. 나는 약속을 지키느라 죽을 고생을 하며 노력했는데, 하나님은 전혀 거들떠보지도 않는 것 같았습니다. 나는 정말 힘이 빠졌습니다.

그러면서도 나는 가끔 나 자신에게 솔직해질 때가 있었는데, 그럴 때면 나 자신이 내가 생각하는 것처럼 그렇게 의로운 사람은 아니었다는 것을 깨닫곤 했습니다. 나는 나의 삶의 태도가 마땅히 그러해야 할 수준에 미치지 못했음을 알았습니다. 나는 내 인생에 대한 하나님의 뜻에서 철저하게 멀리 떨어져 있는 나 자신을 발견할 수 있었습니다. 고등학교 때 극장에 살짝 숨어 들어갔던 일이 생각나더군요. 그 일 후에 나는 6개월 동안이나 하나님께 약속한 결단을 지키지 못한 데 대한 죄책감에 사로잡혀서 살아야 했습니다. 그럴 때면 나는 하나님이 나에게 복을 주셔야 한다는 생각을 포기하곤 했지요. 하나님께 구하고 기도할 것이 많았지만, 하나님을 그렇게 배반해 놓고 무슨 낯으로 무엇을 구할 수 있었겠습니까?

이러한 행위로 의로움을 얻어 보려는 힘겨운 노력은 아리조나 투산 (Arizona Tucson)에서의 나의 초기 목회에서도 여전했습니다. 목회를 시작한 지 얼마 되지 않아, 나는 내가 경험하고 있었던 것보다 더 많은 그 무엇이 나의 사역에 있어야 하고, 또한 하나님과의 관계에서도 내가 누렸던 것보다 더 많은 것이 있어야 한다는 것을 깨달았습니다. 게다가 설상가상으로, 전국을 순회하며 부흥회를 여는 당시 유명한 부흥사들의 집회를 지켜보곤 했는데, 복음을 듣고 구원을 얻는 사람들이 천막을 가득 메우고, 많은 사람들이 기적적으로 병고침을 받았다고 법석을 떠는 모습이 보였습니다.

나는 나의 삶과 목회에서도 그러한 능력이 명백하게 드러나기를 간절히 원했습니다. 그래서 나는 투산의 사막에서 금식 기도를 통해 하나님께 간절히 매달리기 시작했습니다. 물 한 병과 성경과 노트 한 권만 가지고 나는 하나님 앞에 부르짖기 위해 혼자 길을 떠났습니다. 나는 하나님께 나의 삶에 그분의 복과 능력과 기름부으심을 허락해 달라고 간구했습니다. 이러한 영성 훈련을 치른 후에, 나는 금식 기도를 이만큼 했으니 이제 하나님이 우리 교회에 복을 주실 것이라는 믿음이 생기면서 흥분되기 시작했습니다. 다음 주일 예배에 하나님이 어떻게 역사하실지 주일이 기다려졌습니다.

그러나 불행하게도, 나는 금식으로 인해 너무 쇠약해진 상태여서 주일까지 강단에 거의 서 있기 힘들 정도였습니다. 게다가 마음이 복잡해서 조리있는 설교를 도무지 할 수가 없었습니다. 사람들은 졸았고, 나는 곤혹스러워서 어쩔 줄을 몰랐습니다. 나는 하나님의 어마어마한 역사를 기대했는데, 그 대신에 코고는 소리가 합창을 하듯 터져 나왔던 것입니다. 나는 낙심했고 또 화가 났습니다. 그리고 이렇게 생각했습니다. '하나님, 내가 얼마나 열심히 금식하며 기도했는지 보지 못하셨습니까? 보셨다면, 이 교회와 저에게 마땅히 복을 주셔야지요.'

그 때는 나의 금식과 기도가 하나님께 의무를 지우고자 하는 시도였다는 것을 이해하지 못했습니다. 그것을 통해 내가 원하는 것을 하나님이 하시도록 강요하고자 했던 것입니다. 또한 나는 사람들이 사도행전에 기록되어 있는 기적들을 보게 되면, 예수 그리스도의 실체를 믿게 될 것이라고 생각했습니다.

그러나 나중에 내가 깨달은 것은, 우리가 세상에 보여 줄 수 있는 궁극적인 증거는 우리가 서로 사랑하는 것이며, 이 사랑이 바로 하나님의 마음으로부터 흘러나온다는 사실이었습니다. 법과 규칙을 지키는 것으로는 그러한 사랑의 관계를 만들어 낼 수가 없습니다. 우리의 인간 관계에는 법을 적용해 볼 수도 있겠지만, 우리가 간절히 바라는 안전과 안정성을 얻을 유일한 방법은 바로 하나님의 사랑입니다. 성경은 사랑이 율법의 완성이라고 말합니다. 사실 예수님도 무엇이 가장 큰 계명이냐는 질문에, 마음과 뜻과 정성과 힘을 다해 하나님을 사랑하고 이웃을 내 몸과 같이 사랑하는 것이라고 대답하셨습니다. 법이 아니라 사랑이 하나님과 우리의 관계 그리고 우리들 서로의 관계에 있어서 열쇠인 것입니다.

하나님은 우리가 율법의 의무 조항과 죄책감보다 더 강한 사랑의 줄에 의해 그분께 이끌려 나오는 아름다운 관계를 경험하기를 원하십니다. 만약 우리가 여전히 법과 규칙들에 의해 하나님께 매여 있다면, 우리는 머지 않아 안달하며 속박을 벗어나고자 몸부림치는 우리 자신을 발견하게 될 것입니다. 사랑의 기쁨으로 맺어진 관계와 의무나 죄책감으로 묶여 있는 관계 사이에는 엄청난 차이가 있습니다.

하나님은 결코 그분의 백성이 외부적 압력의 목록에 매여 있도록 의도하지 않으셨습니다. "제기랄 이렇게 할 일이 쌓였는데, 오늘 또 교회를 가야 하나? 그렇다고 안 가면 하나님이 더 이상 나를 사랑하지 않으실 테고, 목사님도 사나운 눈초리로 노려보실 텐데." 이렇게 짜증내며 불평하는 것을 듣는 일도 하나님께 그다지 유쾌한 일은 아닐 것입니다.

이렇게 무거운 짐을 진 것처럼 힘들어하고 있는 자신을 발견한다면, 그것은 우리와 하나님의 관계가 사랑으로 맺어진 것이 아니라 율법주의에 빠져 있다는 증거입니다. 하나님은 사랑이 없는 단조로운 존재 방식보다 더 좋은 것이 우리에게 있기를 원하십니다.

하나님은 절대로 우리와 다음과 같이 긴 계약을 맺으신 것이 아닙니다. "내가 세운 모든 조건을 지키라. 그러면 너를 사랑하고 너에게 복을 주겠다. 그러나 하나라도 어기는 날에는 모든 것이 무효가 되고, 너는 내 왕국 밖으로 쫓겨날 줄 알아!" 그리스도인은 무거운 계약에 의해서 하나님께 붙들려 있는 것이 아닙니다. 바울은 그리스도의 사랑이 우리를 강권하기 때문이라고 선포했습니다(고린도후서 5:14).

내가 스스로 의로워지려는 속박으로부터 벗어나 자유함을 얻을 때까지 하나님은 오랜 세월을 참고 기다려 주셨습니다. 나는 여러 해 동안 많은 사람들이 로마서를 통해 엄청난 복을 받았다는 말을 들어 왔습니다. 나는 언제나 복 받기를 갈구하고 있었고, 결국 로마서를 깊이 공부해 보기로 결심했습니다. 그러나 처음에는 말씀을 이해하기가 어려웠습니다. 그래도 나는 다른 사람들을 사로잡은 그 진리를 발견해 보려고 꾹 참고 계속 연구하기로 했습니다.

어느 날 내가 이 위대한 책을 공부하고 있는데, 하나님은 다름 아닌 하나님과 나의 관계에 일대 혁명을 일으키셨습니다. 그분은 단순하고 자주 사용되는 말이면서도 그 뜻이 제대로 이해되지 못하고 있는 '은혜'라는 말의 의미를 분명히 깨닫게 해주셨습니다. 나는 그때 이후로 지금까지 자유로운 하나님과의 사랑의 관계를 누리게 되었으며, 나의 사역에서 놀랄 만한 기적을 경험하는 것에 대해 조금도 개의치 않게 되었습니다. 나는 비록 내가 넘어지고 실패할지라도 나의 잘못이나 실수가 결코 나를 하나님으로부터 멀어지게 하지 않는다는 사실을 깨달았습니다. 주님과 나의 관계는 오르락내리락 하는 롤러 코스터와 같은 관계가 아니라, 그분의 놀라운 사랑 가운데 편안하게 달리는 안전한 관계라는 것을 알았습니다.

"만일 하나님이 우리를 위하시면 누가 우리를 대적하리요?" (로마서 8:31)라는 심오한 진리를 발견했을 때의 내 기분이 어떠했겠는가를 상상해 보십시오. 수십 년 동안 나는 하나님이 내 편이 아니라는 하나님에 대한 잘못된 견해를 가지고 고생하고 있었던 것입니다. 나는 선을 그어 놓고 가만히 기다리고 계시다가 내가 선 밖으로 발만 내디디면 무서운 진노의 심판을 내리시는 그런 하나님으로 알고 있었습니다. 그러나 나는 마침내 하나님이 항상 율법주의를 동반하는 두려움이 아닌 그분의 무조건인 사랑의 평안을 내가 누리기를 원하신다는 사실을 깨닫게 되었습니다. 그 후로 나는 하나님과 전혀 새로운 차원의 관계를 시작하게 되었습니다.

나는 율법이 하나님의 백성을 보호하는 안내자의 역할을 하도록 만들어진 것이라고 배웠습니다. 율법이 금지하고 있는 사항들은 마치 부모가 어린 아이들의 안전과 복지를 위해 내린 안전 수칙과 같은 역할을 하는 것이라고 말입니다. 그러나 우리가 하나님의 은혜의 신비를 깨닫고 나면, 더 이상 우리는 율법에 얽매일 필요가 없습니다. 우리는 우리의 삶에 자유롭게 접근할 수 있는데, 그 이유는 우리가 하나님을 사랑하고, 또 하나님과의 사랑의 관계를 해칠 어떠한 일도 우리는 하기를 원치 않을 것이기 때문입니다. 우리가 하나님과의 교제의 기쁨을 안다면, 우리는 하나님과 우리 사이에 어떤 장애물이나 방해물도 놓이기를 원치 않을 것입니다.

사실상, 하나님의 사랑을 경험하면 할수록 그분은 더욱 더 우리 삶의 근본적인 욕구와 중심이 됩니다. 율법으로 인해 억지로 맺어진 관계는 필요가 없게 되고, 우리가 하나님을 사랑하기 때문에 스스로 하나님을 기쁘시게 해드리기를 원하게 되는 것이지요.

이것이 바로 인생 최대의 기쁨입니다. 하나님과의 진정한 사랑의 관계를 경험하는 것이 그렇습니다. 하나님이 나를 위하시고 그분이 나를 사랑하신다는 사실이야말로 우리가 누릴 수 있는 최대의 안전입니다. 하나님의 놀라우신 은혜를 발견한 것은 나의 영적인 경험 전체를 통해서 가장 중요한 사건들 가운데 하나였습니다. 나는 전혀 새로운 근거 위에 하나님과 관계를 맺어가는 법을 터득했습니다. 그것은 바로 나의 선한 행위나 나의 의로움을 근거로 한 것이 아니라, 예수 그리스도를 통한 하나님의 나를 향하신 사랑을 근거로 한 것입니다.

그것이 바로 은혜요, 그것 때문에 인생이 살 가치가 있는 것입니다. 사실상 은혜야말로 우리의 실제 삶을 풍성하고 만족스러운 것으로 만들어 줍니다. 하나님과 우리의 관계가 조약돌과 같이 보잘것없는 우리의 노력에 달려 있는 것이 아니라, 거대한 바위와 같은 하나님의 변함없는 사랑의 속성에 달려 있다는 엄청난 진리에 눈을 뜨게 될 때, 우리의 삶은 무한한 가능성을 지닌 천연 색깔의 폭발성을 가진 삶으로 우리 앞에 펼쳐지게 되는 것입니다.

은혜는 메마르고 황량한 들판을 기름지고 싱그러운 푸른 초장으로 바꾸어 놓습니다. 은혜는 이를 악물고 억지로 하는 봉사를 사랑과 기쁨이 가득한 열심있는 봉사로 바꾸어 놓습니다. 은혜는 자신의 노력이 실패한 것에 대한 죄책감과 눈물을 하나님의 오른편에서 누리는 영원한 즐거움의 전율로 바꾸어 줍니다. 은혜는 모든 것을 바꾸어 놓습니다!

당신은 하나님의 은혜 안에서 사는 심오한 기쁨을 발견하셨나요? 우리가 하나님 앞에 설 수 있는 것은 우리의 미약한 노력에 달려 있는 것이 아니라 하나님의 강하신 팔이 이루어 놓으신 일에 달려 있다는 사실을 다시 한 번 마음에 새기겠습니까? 당신이 지금 영적으로 어떠한 상태에 있든지, 나와 함께 잠시 하나님이 우리를 위해 쏟아부어 주신 놀라운 은혜를 생각해 보는 자리에 있기를 초대합니다.

네, 참으로 그렇습니다. 은혜는 모든 것을 바꾸어 놓습니다!

1
은혜

용서 받음

어느 날 저녁 나는 전 국무장관 헨리 키신저 박사(Dr. Henry Kissinger)가 연설하는 것을 들었는데, 그는 그 자리에서 모인 사람들에게 자신의 자서전 1159쪽에는 자신이 처음으로 저지른 실수가 기록되어 있으며, 그것은 처음이자 마지막 실수였다고 말했습니다.

내가 자서전을 쓴다면, 나의 첫 번째 실수는 차례가 있는 페이지는 아닐지라도 서문에서 발견할 수 있을 것입니다! 나는 나 자신의 선함으로는 하나님 앞에 절대로 서지 못합니다. 내가 도덕적으로 타락한 썩어 빠진 인간이어서가 아니라 절대적으로 거룩하신 하나님 앞에 받아들여지기에 턱없이 부족한 존재이기 때문입니다.

가망이 없는 의

의로워지기 위한 한 가지 매우 흔한 방법은 무엇이 의로운 일이고 무엇이 의롭지 않은 일인지를 구분해서 규칙을 정하고 그 규칙에 따라 사는 것입니다. 그런데 문제는 아무도 자기가 정한 규칙에 따라 살 사람이 없다는 것입니다. 그래서 왜 그것을 지키지 못했는지에 대한 핑계만 잔뜩 둘러대게 되는데, 가장 흔한 핑계는 규칙대로 살지 못한 것이 자기 잘못이 아니라고 하는 것입니다.

내가 유리컵을 떨어뜨려 깨뜨렸다면, 내가 잘못한 것이 아니라 누군가 내 이름을 불러서는 안 되는 순간에 내 이름을 불렀고, 또 건너편 방에서 사람들이 너무 시끄럽게 떠들고 있었기 때문이라는 것이지요. 그래서 사실은 내 잘못이 그들의 잘못이라는 것입니다. "내가 그렇게 한 것은 바로 너 때문이야!" "네가 그렇게 하라고 했잖아. 그러니까 그건 내 잘못이 아니야!" 우리는 아무도 자기 잘못을 인정하고 싶어 하지 않습니다.

이러한 태도는 아담에게까지 거슬러 올라갑니다. 그는 자신의 실패를 이브의 탓으로 돌렸습니다. 그는 "하나님께서 나와 함께 있으라고 주신 여자 곧 그 여자가 그 나무에서 나는 것을 내게 주므로 내가 먹었나이다"(창세기 3:12)라고 말했습니다. 잠언은 다음과 같이 선언합니다.

> 자기 눈에는 순결하여도 여전히 자기의 더러움에서 씻기지 않은 세대가 있느니라(잠언 30:12).

당신이 스스로 깨끗한 자라고 생각하면서 더러운 것으로부터 씻음을 받지 못했다면, 의는 물 건너간 것입니다. 성경은 다음과 같이 말합니다.

> 만일 우리에게 죄가 없다고 우리가 말하면 우리가 우리 자신을 속이며 또 진리가 우리 속에 있지 아니하니라. 만일 우리가 죄를 짓지 아니하였다고 말하면 우리가 그분을 거짓말하는 분으로 만들며 또한 그분의 말씀이 우리 속에 있지 아니 하니라(요한일서 1:8,10).

성경은 우리의 문제를 분명하게 말해 줍니다.

> 온 세상이 하나님 앞에서 유죄가 되게 하려 함이니라. 모든 사람이 죄를 지어 하나님의 영광에 이르지 못하더니(로마서 3:19,23).

우리가 규칙을 지킴으로 우리 자신의 의를 세우려 노력할 때마다 결국 우리는 기울어진 저울로 무엇을 측량하고 있다는 것을 인정할 수밖에 없을 것입니다. 언제나 나는 나 자신을 당신보다는 도덕적으로 더 낫게 보게 되고, 당신도 역시 당신 자신보다는 나를 도덕적으로 더 못하게 볼 것입니다. 나는 당신의 온갖 잘못을 다 볼 수 있지만, 나 자신을 볼 때는 잘못도 별로 없을 뿐만 아니라 그러한 잘못들조차도 대단한 것이 아닌 것처럼 보이는 것입니다.

심지어 나의 행위로 얻을 수 있는 의조차도 모두 가짜입니다. 성경은 다음과 같이 선언합니다.

> 우리는 다 부정한 물건 같아서 우리의 모든 의는 더러운 누더기 같으며(이사야서 64:6).

어떤 사람들이 누더기를 걸치고 줄을 지어 돌아다니는 것을 본다면, 참으로 우스꽝스럽지 않겠습니까? 굉장히 신령한 척 번지르르한 종교적 행위를 하면서, '너희들보다 내가 더 거룩하다'는 태도로 어슬렁거리며 돌아다니는 것이 바로 그런 것입니다. 말할 때도 속삭이듯 낮은 음성으로 엄숙하게 말하는데, 이는 그렇게 하는 것이 거룩하고 의롭게 들린다고 생각하기 때문이지요. 또 성경에 있는 종교적인 고상한 용어를 사용하는데, 이는 그것이 일상 용어보다 훨씬 더 의롭게 들리기 때문입니다. 자기의 의를 내세우려고 걸음도 점잔을 빼고 걸으며 애써 거룩하게 보이려 하지만, 하나님은 머리를 저으시며 "더러운 누더기!"라고 하십니다.

만일 하나님과 나의 관계가 나의 선함과 의로움에 달려 있다면, 나는 전혀 가망이 없을 것입니다. 나는 이제까지 실패했고, 하나님의 영광에 이르지 못했습니다. 나의 생체 리듬이 좋을 때는 정말이지 모든 것이 순조롭게 흘러 갑니다. 그런 날은 내 자신이 뭔가 된 기분입니다. 그러나 그렇게 가까스로 최상의 것을 이루어 낸 날에도 하나님은 나를 내려다보시면서, "더러운 누더기"라고 말씀하십니다. 아무리 최선을 다해도 충분하지 못한 것이지요.

율법을 지키려고 애쓰는 것은 나를 정죄에 빠뜨립니다. 왜냐하면 참된 율법은 내적인 마음의 자세를 다루기 때문입니다. 내가 자기 의의 기준 아래 애쓰던 때에는 다른 사람들이 하고 있는 어떤 일에 대해 분개했습니다. 그 순간 나는 나 자신의 의를 위해 세운 규칙을 어겼으며, 그로 인해 하나님과 나의 관계는 끝나고 말았다는 것을 깨달았고, 다시 시작하는 것외에는 별 도리가 없었습니다.

불행하게도, 이제 겨우 하나님과 올바른 관계를 회복했다 싶으면 어떤 일이 생기는 것입니다. 그러면 그 관계는 허물어져 버리고 다시 시작해야만 합니다. 하나님과 관계를 맺을 수 있다고 느껴지는 단계까지 선행의 사다리를 계속 기어오르는 것입니다. 그러나 내가 이 단계에 이른 지 얼마 되지 않아 고속도로에서 어떤 사람이 갑자기 새치기를 하면, 나는 "야! 너, 어디서 운전면허 받은 거야? 그 따위로밖에 운전 못 해?"라고 고함을 지릅니다. 그러면 그 동안 쌓은 공은 다 무너져 버리고 다시 시작해야 합니다.

기준이 무엇입니까?
예수님 없이도 하나님께 받아들여질 수 있다고 믿는 사람들은 몇 가지 중요한 질문에 봉착하게 됩니다. 어떤 수준의 선함에 도달함으로써 천국에 갈 수 있다고 믿는다면, 그 선함의 기준은 어떤 것일까요? 하나님은 그들에게 무엇을 요구하실까? 많은 사람들이 "저는 기본적으로 친절하고 착하기 때문에 기꺼이 제 힘으로 하나님 앞에 서고 싶습니다"라고 말합니다.

그러나 이 사람들은 하나님의 기준은 우리의 기준과 다르다는 사실을 계산하지 않고 있습니다. 예수님은 스스로의 힘으로 천국에 가기 위해 노력하는 사람들에게 하나님이 요구하시는 일을 말씀하시면서, "그러므로 하늘에 계신 너희 아버지께서 완전하신 것 같이 너희도 완전하라"(마태복음 5:48)고 하셨습니다. 하나님 앞에서 올바르기 위해서는 절대적인 온전함에서 조금도 부족함이 없어야 한다는 말입니다. 단지 열심히 노력하거나 진실되게 행하는 것이 아니라 하나님이 사람에게 원하시는 모든 것들을 하나도 빠짐없이 다 지켜야 한다는 것입니다. 분명하

1. 용서받음

게 말해서, 스스로의 선한 행위로 영생을 얻을 수 있다고 믿는 사람들은 하나님의 거룩하심과 하나님과의 관계가 좋다는 것에 대해 왜곡된 이해를 가지고 있는 것입니다.

우리가 의로운 행위의 기준을 세우려 한다면, 예수님이 세우신 기준을 사용해야 할 것입니다. 예수님은 하나님이 "이 사람은 내 사랑하는 아들이라. 내가 그를 매우 기뻐하노라"(마태복음 3:17)고 말씀하신 유일한 분입니다. 우리가 하나님과의 교제를 누리기 위해서는 예수님처럼 의로워야 합니다. 예수님은 다음과 같이 말씀하셨습니다.

> 그 분[성령]께서 오셔서 …, 의에 대하여 … 세상을 꾸짖으시리라 … 의에 대하여라 함은 내가 내 아버지께로 가므로 너희가 다시 나를 보지 못하기 때문이요 (요한복음 16:8,10).

예수님의 승천은 세상에 보여 주는 그분의 아들에 대한 하나님의 증거였습니다. 마치 "내 아들의 의를 보라. 내가 천국에서 받아줄 의는 바로 이런 것이라야 하느니라"고 말씀하신 것과 같습니다. 예수님의 삶이야말로 오직 유일한 의의 기준입니다. 내가 하나님께 받아들여지기를 원한다면 예수님처럼 의로워야 한다는 것입니다. 성경은 하나님이 받아주실 단 한 가지 종류의 의밖에 없음을 말하고 있는데, 그것은 다름 아닌 바로 예수 그리스도 자신의 의입니다. 그러므로 우리 자신의 선한 행위로 하나님 앞에 서기를 원한다면, 우리는 예수님에게서 본 선함과 같은 기준의 삶을 살아야 합니다.

그러나 나는 그것이 불가능한 일인 것을 잘 압니다. 나는 그런 종류의 의는 이루어 낼 수 없습니다. 예수님은 다음과 같이 말씀하셨습니다.

> 나는 너희에게 이르노니, 누구든지 여자를 보고 그녀에게 음욕을 품는 자는 이미 마음속으로 그녀와 간음하였느니라(마태복음 5:28).

그리고 그분은 말씀하셨습니다.

> 나는 너희에게 이르노니, 누구든지 아무 까닭 없이 자기 형제에게 화를 내는 자는 심판의 위험에 처하게 되고(마태복음 5:22).

또 더 나아가 예수님은 이렇게 말씀하셨습니다.

> 너희 원수들을 사랑하며 너희를 미워하는 자들에게 선을 행하고 너희를 저주하는 자들을 축복하며 악의를 품고 너희를 다루는 자들을 위해 기도하라. 또 네 뺨을 치는 자에게 다른 뺨도 내주며 네 겉옷을 빼앗는 자가 네 덧옷도 가져가는 것을 금하지 말라. 네게 구하는 모든 자에게 주고 네 물건들을 빼앗는 자에게 다시 달라고 하지 말며(누가복음 6:27-30).

그리고 우리에게 "오직 너희는 원수를 사랑하고 선대하며, 아무것도 바라지 말고 빌려 주라" (누가복음 6:35)고 명령하셨습니다.

어느 누가 그렇게 의로울 수 있겠습니까? 나는 아닙니다. 나는 형편없이 실패한 사람입니다. 그렇다고 이것이 저와 같은 사람은 하나님으로부터 영원히 버림받아야 한다는 말일까요? 나에게 하나님과의 교제를 누릴 수 있는 길은 전혀 없는 것일까요? 공허함과 좌절 속에서 결코 얻을 수 없는 무언가를 잡기 위해 계속 애써야 할까요?

우리가 하나님으로부터 용서받을 수 있다는 소망이 있기 위해서는 우리의 행위 같은 것 말고 다른 근거가 꼭 있어야 할 것입니다. 바울이 "율법의 행위로는 어떤 육체도 그분의 눈앞에서 의롭게 될 수 없나니" (로마서 3:20)라고 선언한 것처럼 말입니다.

우리가 하나님과의 교제를 누릴 수 있으려면, 우리 자신의 의가 아닌 다른 어떤 근거가 있어야 할 것입니다. 하나님이 의를 위해 세우신 법은 너무 엄해서 우리가 지킬 수 없습니다. 우리의 유일한 소망은 다른 형태의 의가 우리에게 주어지는 것인데, 그 의는 우리 자신의 행위와는 전혀 다른 원리에 기초한 것이어야 합니다.

은혜란 무엇입니까?

 '은혜' (grace)라는 단어의 어원은 '아름다움' (beauty)이며, 신약 성경에서 은혜는 '하나님의 거저 주시는 은총' 을 의미합니다. 은혜는 나 스스로 얻을 수 없는 것을 하나님이 주시는 것을 의미합니다. 은혜는 내

1. 용서받음

가 그럴 만한 자격이 없고 가치가 없을지라도 하나님에 의해 받아들여지는 것을 말합니다.

성경은 하나님에 대한 나의 믿음과 신뢰로 은혜를 받는다고 가르치고 있습니다. 히브리서 11장 6절은 "믿음이 없이는 하나님을 기쁘게 하지 못하나니" 라고 선언합니다. 우리는 단순히 예수 그리스도를 믿고 우리를 대신한 그분의 죽음을 믿음으로 거룩하신 하나님으로부터 죄사함을 받습니다. 우리의 믿음과 신뢰를 하나님께 드릴 때, 우리의 죄가 말끔히 씻어집니다.

우리가 율법을 지키거나 어떤 종교적 행위로 우리 죄를 용서받는 것은 불가능합니다. 내가 하나님께 나아갈 수 있는 근거를 마련하기 위해서 주님이 십자가로 가셔야만 했습니다.

예수님은 겟세마네 동산에서 다음과 같이 기도하셨습니다.

> 아버지여, 만일 아버지의 뜻이거든 이 잔을 내게서 옮기시옵소서. 그러나 내 뜻이 아니옵고 오직 아버지의 뜻이 이루어지기를 원하나이다(누가복음 22:42).

주님의 이 말씀은 다음과 같습니다. "나의 죽음 외에 다른 방법으로 인류가 구원받을 수 있다면, 종교적인 행위를 통해서나 어떤 식으로든 그들 자신의 의를 얻음으로 구원 받을 길이 있다면, 나는 십자가를 지고 싶지 않습니다. 내가 참혹한 고통의 길로 가지 않도록 해주십시오!" 그러나 그것은 불가능했습니다. 그래서 주님은 십자가를 지고 죽으셨으며, 장사 지낸 바 되셨다가 부활하신 것입니다. 주님의 죽음으로 하나님이 당신과 나에게 그분의 은혜를 베푸실 수 있었던 것입니다.

이것을 분명히 하기 위해서는 아마도 예화가 필요할 것입니다. 당신이 범죄를 저질렀다고 합시다. 이웃의 재산을 침해한 죄로 기소를 당했습니다. 어느 변호사나 다 알고 있듯이, 당신이 혐의를 벗기 위해서는 두 가지 가능한 길이 있습니다. 이웃의 재산을 침해하지 않았다는 것을 증명하든지, 아니면 당신이 그 재산에 대해 행사할 충분한 권리가 있었다는 것을 증명하든지 둘 중 하나입니다.

이제 이 논리를 우리의 영적인 상황에 적용해 봅시다. 하나님이 우리를 하나님의 뜻과 하나님의 법에 불순종한 죄인으로 정죄하고 불의한 자로 기소하셨습니다.

우리는 어떻게 해야 이 혐의에서 벗어날 수 있을까요? 우리는 모두 죄를 지었기 때문에 죄가 없다고는 말할 수 없습니다. 또 우리가 그런 죄를 범할 권리가 있다고 말할 수도 없습니다. 왜냐하면 우리에게는 그럴 권리가 없기 때문이지요. 우리가 행한 일은 명백하게 잘못된 일입니다. 그렇다면 죄사함을 받고자 하는 우리들에게 법은 어떤 가치가 있습니까? 어떤 가치도 있을 수 없습니다. 이 소송은 명백한 것입니다. 우리는 그런 죄를 범할 권리가 없었는데 어쨌든 그것을 범했고, 따라서 우리는 유죄인 것입니다.

대단한 은행 강도

예화를 바꾸어 봅시다. 내가 치밀하게 계획하여 은행을 털었다고 가정합시다. 감시 카메라에 포착되어 내가 하지 않았다고 말할 수도, 하지 않았다는 것을 증명할 수도 없기 때문에 법은 나를 정죄합니다. 또 내가 은행을 털 권리가 있다고 주장할 수도 없습니다. 왜냐하면 도둑질은 국민의 기본권에 포함되어 있지 않기 때문입니다. 그러므로 법으로는 죄사함을 받을 길이 전혀 없는 것입니다.

재판을 받을 때, "이제 일생 동안 절대로 은행을 털지 않을 것을 약속합니다. 이제부터 선하고 깨끗한 생활을 하겠습니다. 절대로 남의 물건을 불법으로 취하지 않겠습니다" 라고 열심히 사정할지라도, 그것이 내가 이미 저지른 일을 정당화하지는 못합니다. 그 돈으로 착한 일을 많이 했기 때문에 용서받아야 한다고 주장할지 모릅니다. 교회에 헌금도 하고

1. 용서받음

굶주린 가족도 먹였다고 말입니다. 그러나 그런 나의 '의로운' 행위들이 그 죄를 상쇄하거나 사면해 주지는 못합니다.

판사는 내가 훔쳐간 모든 돈을 은행에 갚도록 명령할 수도 있습니다. 또 판결의 일부로서 도로변의 쓰레기를 줍는 환경미화 노역형을 언도할 수도 있습니다. 비록 내가 남은 일생 동안 선한 일을 하며 살지라도, 그것이 내가 이미 지은 죄를 없이 할 수는 없습니다. 법이 행하는 모든 일들은 나의 죄를 지울 수 없습니다. 나의 과거 범죄 기록은 여전히 남아 있게 되는 것입니다. 나는 여전히 강도를 범한 죄인이며, 그 평결은 분명합니다.

그렇다면 왜 영적인 일에 있어서는 그토록 많은 사람들이 그들이 행한 모든 선한 일들을 들어 하나님 앞에서 무죄를 주장하는 것일까요?

자신의 죄와 범죄 행위와 불의에 대해 뉘우치고 새로운 결심을 가지고 살아가고자 다짐하는 사람들이 많이 있습니다. 그들은 개과 천선하고 완전히 새로운 삶을 다시 시작하기를 원합니다. 그러나 그러한 노력이 죄 사함을 받아 낼 수는 없습니다. 아무리 최선을 다해 노력할지라도 이미 지은 죄를 없앨 수는 없습니다. 우리는 결코 선한 행위로 정당화될 수는 없습니다. 평생을 선하게 살고 단 한 번 죄를 지었다고 할지라도, 평생의 그 선한 행위가 그 한 번의 죄를 사할 수 없는 것입니다.

하나님의 죄사함의 근거는 그분의 독생자 아들의 희생입니다. 우리의 모든 죄, 우리의 과거와 미래의 모든 죄가 죄 없으신 어린 양, 죄를 알지도 못하시는 온전하신 분, 예수 그리스도께 씌워진 것입니다. 그분은 우리를 위해 죽으셨습니다. 우리의 죄를 대신 지시고, 고통 당하시고, 우리 죄를 사하시기 위해 죽으셨습니다. 바울은 다음과 같이 말했습니다.

> 하나님께서 죄를 알지 못한 그분을 우리를 위하여 죄가 되게 하신 것은 우리가 그분 안에서 하나님의 의가 되게 하려 하심이라 (고린도후서 5:21).

우리가 그분으로 말미암아 죄사함을 받게 하시려고 예수님이 죄인이 되신 것입니다. 다른 말로 하면, 우리와 자리를 바꾸신 것입니다.

> 우리 주 예수 그리스도의 은혜를 너희가 알거니와 그분께서 부요하셨으나 너희를 위하여 가난하게 되심은 자신의 가난으로 말미암아 너희를 부요하게 하려 하심이라(고린도후서 8:9).

그분은 그분을 믿고 신뢰하는 단순한 우리의 믿음 때문에 우리 죄를 대신 담당하시고, 우리를 용서해 주신 것입니다.

우리의 소망이신 예수님

하나님이 우리의 모든 죄를 예수님께 씌우셨을 때, 예수님은 우리가 우리의 죄 때문에 받아야 할 심판을 받으셨습니다. 그분은 우리가 마땅히 받아야 할 벌을 받으셨는데, 성경은 그 벌을 사망이라고 말합니다(로마서 6:23). 하나님은 우리가 예수 그리스도를 우리의 구주와 주님으로 믿으면, 우리의 지은 모든 죄가 다 용서함 받는다고 선언하셨습니다. "예수 그리스도의 피가 모든 죄에서 우리를 깨끗하게 하느니라"고 요한일서 1장 7절은 말합니다. 이처럼 깨끗케 하심은 율법이 절대로 할 수 없는 일이며, 은혜만이 줄 수 있는 것입니다.

중요한 사실은 믿음이 우리의 유일한 소망이라는 것입니다. 우리의 선한 행위나 노력이나 그 어떤 것도 하나님께로부터 죄사함을 얻게 하지는 못합니다. 바울은 강한 어조로 다음과 같이 선언했습니다.

> 일을 아니할지라도 경건치 아니한 자를 의롭다 하시는 이를 믿는 자에게는 그의 믿음을 의로 여기시느니라(로마서 4:5).

일하지 않고 단순히 믿는 자에게 하나님은 의로움을 주십니다. 하나님은 예수님이 우리를 위하여 이미 이루어 놓으신 일을 믿는 우리의 믿음 때문에 우리에게 죄사함을 주십니다.

선택은 당신의 몫입니다

당신은 언제라도 선택할 수 있습니다. 천국에 가기 위해 당신 자신의 노력으로 예수님처럼 선해지려고 발버둥칠 수도 있고, 아니면 예수님을 믿

1. 용서받음

고 하나님 앞에 설 수 있는 권리를 은혜의 선물로 받을 수도 있습니다.

내게는 전혀 선택의 여지가 없습니다. 나는 선한 행위로는 내가 절대로 천국에 갈 수 없다는 사실을 잘 알고 있습니다. 나는 나의 과거의 죄 때문에 어떠한 소망도 없이 정죄를 당할 수밖에 없습니다. 하나님의 자비를 떠나서는 결코 하나님께 받아들여질 수 없습니다.

그러나 복된 소식은 하나님이 우리를 받아주실 수 있는 길을 마련해 주셨다는 사실입니다. 절대적으로 거룩하시고 정결하시고 의로우셔서 죄가 함께 하지 못하는 하나님은 우리 같은 사람들이 그분과 교제할 수 있도록 길을 만들어 주셨습니다. 예수 그리스도께서 우리를 위해 치르신 희생을 우리가 믿기만 하면, 비록 우리는 자격이 없을지라도, 하나님 아버지께서는 우리에게 완전한 죄사함을 주십니다.

이것이 바로 은혜의 복음입니다. 비록 우리가 온전함과는 거리가 멀지만, 우리 각자는 하나님과 관계를 맺을 수 있습니다. 우리는 여전히 그분의 아들 예수 그리스도를 통해 하나님과 아름다운 관계를 가질 수 있습니다.

우리가 그분의 아들을 통해 믿음으로 하나님 아버지와 관계를 맺으면, 우리는 견고한 관계를 유지하게 됩니다. 우리는 이제 그분의 자녀들입니다. 그분이 우리 아버지이시기 때문에 우리가 과연 아버지 앞에 나아갈 수 있을까 걱정할 필요가 없는 것이지요. 우리는 우리의 가치를 근거로 그분께 나아가는 것이 아니라, 그분과의 관계를 근거로 나아가는 것입니다.

이것이 바로 은혜의 복음의 전부입니다. 하나님은 마치 우리가 어떠한 죄도 짓지 않은 것처럼 우리를 바라보십니다. 나는 나 자신을 그렇게 바라볼 수가 없습니다. 나는 거울에 비친 나 자신을 보면서 말합니다. "야,

척! 너는 죄인이야. 너는 네 식욕도 절제할 줄 모르고, 너는 너무 문제가 많은 사람이야!" 그러나 하나님은 나를 보시면서, "죄사함 받았음!" 이라고 말씀하십니다. 내가 예수 그리스도 안에 있기 때문에 하나님은 나를 사랑하시고, 나를 있는 모습 그대로 받아주십니다. 그분의 친아들을 받아주시는 것과 똑같이 나를 받아주십니다. 바울은 우리가 "그 사랑하시는 자 안에서" (에베소서 1:6) 받아들여졌다고 말합니다. 그분의 사랑하시는 자는 바로 그리스도이시며, 그리스도 안에 있는 당신은 그리스도께서 하나님께 받아들여진 것 같이 받아들여지는 것입니다.

이것이 바로 은혜의 복음이 내가 들은 소식 중에 가장 복된 소식이 되는 이유입니다. 우리 죄를 위해 죽으시도록 이 땅에 보내신 그분의 아들을 우리가 믿기 때문에, 하나님은 우리의 죄를 용서해 주십니다. 우리의 모든 죄는 깨끗이 씻어졌습니다. 죄책감이 없습니다.

바울이 우리에게 이렇게 말한 것처럼 말입니다.
> 자기 불법들을 용서받고 자기 죄들이 가려진 자들은 복이 있으며 주께서 죄를 인정하지 아니하실 사람은 복이 있도다(로마서 4:7,8).

우리는 하나님의 자녀로서 우리가 필요한 것을 구하기 위해 언제나 우리 하나님 아버지 앞에 나올 권리가 있습니다. 우리에게 가장 좋은 것이 무엇인지 아시는 그분의 지식에 따르면, 우리는 우리의 요구를 들어주시거나 거절하시는 우리 아버지의 지혜를 신뢰할 모든 권리를 가지고 있습니다. 우리는 우리를 그토록 사랑하시는 우리 하나님 아버지께 우리 자신을 맡길 수 있으며, 그분은 우리에게 가장 좋은 것만을 주실 것입니다.

우리가 자격이 있어서가 아니라 하나님이 우리를 사랑하시기 때문에 그분은 그분의 부요하고도 풍성하신 사랑을 우리에게 넘치도록 부어 주기를 원하신다는 사실을 아는 것은 얼마나 기쁜 일인지 모릅니다! 이것이 바로 예수 그리스도 안에 있는 은혜의 복음입니다!

2
은혜

그 문은 절대로
닫혀 있지 않습니다

용서받는 것이 기쁘고 놀라운 일임에도 불구하고, 그것은 은혜의 복음 이야기의 절반에 불과합니다. 하나님이 그리스도 안에서 우리를 용서하신 것을 믿는 사람들은 많이 있습니다. 문제는 복음의 나머지 절반인데, 이는 예수 그리스도를 믿는 믿음으로 인해 하나님이 우리를 의롭게 여기신다는 것입니다. 모든 사람들이 그것을 믿는 것은 아닙니다. 여러 단체들이 의의 기준들을 세웠지만, 그 기준들이 어떤 것이어야 하는가에 대해서는 그들도 좀처럼 동의하지 않습니다.

금목걸이를 해도 괜찮을까요?

그렇게 오래 전 일도 아닙니다만, 단추 달린 옷을 입으면 의롭지 못하다고 가르치는 사람들이 있었습니다. 그들은 훅(단추 대신에 쓰는 쇠고리-편집자 주)을 사용했으며, 단추를 옷에 다는 것은 생각하지도 못했습니다. 그들은 "단추를 옷에 달다니요? 아이 망측해라. 그것이 얼마나 불의한 일인데요!" 라고 호들갑을 떨었습니다. 심지어 오늘날에도 금목걸이나 금으로 된 장식품을 몸에 지니는 것은 죄라고 가르치는 사람들이 있습니다. 금목걸이를 하고 다닌다면, 당신은 의로울 수 없다는 것입니다. 인류 역사를 통해서 사람들은 자기들 나름대로 다양한 의의 기준들을 세워 왔습니다. 이 특정한 기준을 잘 지키면 하나님이 받아주실 것이라는 생각을 가지고 말입니다.

그러나 법이나 행위를 통해 의를 세우려 하는 데는 진짜 문제가 있습니다. 그것은 우리 자신이 세운 기준에조차 우리가 따라 살고 있지 않다는 것입니다.

우리 각자에게는 우리가 선하며 옳다고 믿는 도덕적 기준이 있습니다. 이것은 우리의 진짜 모습이거나, 외부의 방해만 없다면 최소한 우리 각자가 그런 사람일 수 있다고 믿는 것입니다. 심리학자들은 그것을 우리의 '초자아'(superego), 혹은 이상적인 자아라고 부릅니다. 그러나 불행하게도, 아무도 '참된 나'를 알지 못합니다. 왜냐하면 '참된 나'는 완벽하기 때문이지요. 사실상 나는 외부의 환경이 자꾸만 나의 이상적인 자아로부터 나를 멀어지게 하기 때문에 참된 나를 알 수 없게 된 것입니다.

심리학자들은 초자아와 함께 '자아'(ego)에 대해 말하는데, 이것은 실제의 나, 즉 실제 당신 자신을 가리킵니다. 그런데 슬픈 것은 실제의 당신이 결코 이상적인 당신의 기준에 도달할 수 없다는 사실입니다.

만일에 당신의 초자아와 자아 사이에 거대한 차이가 있다면, 당신은 심리적으로 부적응자로 여겨집니다. 다른 한편, 당신 자신이 완벽하지 않음을 알고 이상적인 자아에 대해 그렇게 높은 기준을 가지고 있지 않다면, 당신은 정서적으로 안정된 사람으로 평가받게 되는 것이지요.

심리학자들은 흔히 환자들에게 그들이 비현실적인 목표를 세웠다고 말해 줌으로써 그들의 초자아의 기준을 낮추려고 노력합니다. "아무도 그렇게 완벽한 사람은 없어요. 아무도 그렇게 선하지 않단 말이에요. 당신이 지금 하고 있는 일은 극히 정상입니다. 누구나 다 하는 일인 걸요. 당신 혼자 그렇게 높은 수준의 목표를 세우고 완벽하게 살아 보겠다고 쩔

2. 그 문은 절대로 닫혀 있지 않습니다

쩔 맬 필요가 없어요!" 라고 말합니다. 이 정신 치료사들은 우리가 균형 잡힌 삶을 영위할 수 있도록 계속해서 초자아와 자아의 간격을 줄여 나갑니다. 초자아를 끌어내리는 치료법이지요.

이것은 예수님의 방법과는 대조적입니다. 예수님은 초자아를 낮추려고 하지 않으십니다. 그분은 자아를 양육하는 데 초점을 맞추십니다. 예수님은 실제의 당신을 향상시키기 원하십니다!

실제의 내가 비록 이상적인 나보다 훨씬 못하다 하더라도, 그것과 상관없이 나는 예수 그리스도에 대한 나의 믿음으로 인해 하나님 앞에서 온전히 의롭습니다.

이것이 바로 은혜의 복음의 두 번째 내용입니다. 첫 번째는, 예수 그리스도에 대한 당신의 믿음 때문에 당신의 모든 죄가 씻음을 받고 용서함을 받았다는 사실입니다. 두 번째는, 예수 그리스도에 대한 당신의 믿음 때문에 하나님이 당신을 의롭게 보신다는 사실입니다. 당신이 어떤 일을 행하든 행하지 않든 상관 없이, 도덕 강령을 지키든 지키지 않든 상관 없이, 하나님은 당신이 예수 그리스도를 믿기 때문에 당신에게 의로움을 입혀 주십니다.

이것이 바로 영광스러운 복음, 즉 복된 소식입니다. 예수 그리스도에 대한 나의 믿음으로 인해 하나님이 나를 받아주시고, 그 믿음으로 말미암아 내가 의롭게 되었다는 사실을 아는 것이야말로 참으로 복된 소식입니다.

문은 열려 있습니다

어째서 그것이 그렇게 복된 소식입니까? 나는 절대로 두려워하며 다음과 같이 말할 필요가 없습니다. "오! 나는 감히 하나님 앞에 나아갈 수 없어. 나는 방금 거짓말도 했고, 화도 냈고, 사람을 속이기도 했어. 내가 일을 그르쳐 놓고 어떻게 하나님의 도움을 청할 수 있단 말인가!" 만일에 나의 의가 나의 행위로 말미암아 얻어지는 것이라면, 실제로 사탄은 하나님께로 나아가는 문을 항상 막고 서 있을 수 있습니다. 왜냐하면 나는 마땅히 내가 행해야 할 만큼 행하지 않고 있으며, 마땅히 선해야 할 만큼 선하지 않기 때문이지요. 나는 나의 초자아에 도달하지 못한 것입니다. 내가 옳다고 여기는 나 자신의 기준에 미치지 못한 것이지요.

내가 세운 이상적인 의의 기준에 도달하지 못했기 때문에 사탄은 그 실패를 이용해서 내가 하나님 앞에 나가지 못하게 합니다. "너는 하나님께 도움을 청할 권리가 없어. 방금 넌 그분을 실망시켜 드렸잖아. 하나님이 싫어하시는 일인 줄 알면서도 넌 그렇게 했잖아. 그러다가 어려움에 처하니까 하나님께 도움을 청하겠다구? 하나님이 들으실 거라고 생각하니? 어림도 없지!"

사탄이 나로 하여금 내 자신의 모습을 보게 만들면, 그는 항상 내가 하나님께로 나아가는 문을 막아설 수가 있습니다. 그러나 내가 예수 그리스도를 바라보고, 그리스도에 대한 나의 믿음 때문에 의롭다 여김을 받는다는 사실을 깨달으면, 사탄은 절대로 문을 막아서지 못합니다.

사탄은 지금도 여전히 내게 다가와 다음과 같이 말합니다. "야, 척, 너는 형편 없는 자야! 넌 사람들 앞에 서서 예수 그리스도의 복음을 전할 자격이 없어. 너는 거기 그렇게 서서 하나님의 말씀을 가르칠 자격이 없단 말이야! 너는 이것도 망치고 저것도 망쳐 버렸잖아? 너는 사고뭉치야!"

나는 이럴 때면 항상 미소를 짓기 시작합니다. 몇 가지 내가 잘못한 일들을 들고 나와 나를 넘어뜨리려 하지만, 그 외에도 내가 잘못한 것이 많은데 그것들을 들추어내지 못했기 때문이지요. 나는 사탄에게 다음과 같이 말해 줍니다. "사탄아, 그런 것 가지고 나를 겁주려고? 그런다

2.그 문은 절대로 닫혀 있지 않습니다

고 내가 도망가서 숨을 줄 아니? 네가 한 말 다 맞아. 그래 내가 잘못한 일이 많지. 그래 나도 내 약점을 잘 알아. 그러나 네가 나를 예수님으로부터 멀리 쫓아버릴 수는 없어! 오히려 예수님께로 더욱 가까이 가게 만드는 거야. 왜냐하면 나의 유일한 소망은 예수 그리스도의 십자가 밖에 없거든!"

그리고는 나에게 가장 안전한 곳, 나의 모든 소망이 걸린 주님의 십자가로 달려갑니다. 정말이지 나는 나 자신이나 나 자신의 의에서는 소망을 찾을 수 없습니다. 그러나 예수님이 나를 위해 하신 일과 하나님이 나를 그리스도의 형상으로 만드시면서 성령의 능력으로 내 안에서 행하시는 그 일 안에서 큰 소망을 얻습니다. 내가 할 수 없는 일들을 하나님이 나를 위해 해주십니다. 내가 약한 부분에서 하나님은 나를 강하게 만들어 주십니다. 나의 약함을 깨닫고 나 자신을 하나님께 맡깁니다. 한때는 내가 약해서 자주 넘어지던 부분에서 이제는 강하게 설 수 있게 되었는데, 그것은 그분의 강한 능력이 나의 약함 안에서 온전해졌기 때문입니다(고린도후서 12:9).

분명한 것은, 나는 아직도 하나님이 원하시는 그런 삶을 살지 못하고 있다는 것입니다. 아직 멀었습니다! 그러나 감사한 것은 지금의 나는 과거의 나와 같지 않다는 사실입니다. 심지어 지금과 같은 불완전한 상태에서도 하나님은 나를 의롭고 거룩하다고 간주하십니다. 그것이 바로 내가 예수님외에 어느 것에도 붙들려 있기 싫은 이유입니다. 우리는 절대로 예수님을 떠나서 우리 자신을 보면 안 됩니다.

의에는 등급이 없습니다

우리의 믿음 때문에 하나님이 그리스도의 의를 우리에게 입혀 주셨다면, 나의 행위로 그분의 의를 더 낫게 개선해 보겠다고 노력하는 것은 어리석은 일입니다. 우리는 하나님의 의를 더 낫게 개선할 수 없습니다. 하나님이 우리에게 부여하신 의로운 신분을 개선하는 방법은 없다는 것입니다. 우리는 의롭습니다. 이것이 바로 예수 그리스도께서 하신 일을 믿고 신뢰하는 우리의 인생에 대한 하나님의 결산입니다.

하늘 나라에서는 아무도 자기 자신을 얼마만큼 의롭게 만들었는지를 자랑할 사람이 없을 것입니다. 아브라함이나 다윗, 혹은 바울이 하나님 앞에서의 의로운 신분을 얻기 위해 그들이 행한 모든 놀라운 일들에 대해 우리는 결코 들을 필요가 없습니다. 이들은 단순히 하나님을 믿었고, 그들의 믿음이 그들에게 의로 간주되었기 때문입니다.

우리 중에 어느 누구도 하늘 나라에 가서 다른 사람과 선한 행위를 서로 견주어 보지는 않을 것입니다. 왜냐하면 하나님의 보좌 앞에서는 오직 한 분만이 영광을 받으실 것이기 때문이지요. 그곳에서 빛나는 별은 오직 하나밖에 없을 것입니다. 어떤 사람들은 자기가 행한 일들 때문에 번쩍번쩍 빛나고, 또 다른 사람들은 구석에서 천국에 온 것만도 다행이라고 생각하며 서 있게 되는 영적 계급 제도와 같은 것은 없을 것입니다. 예수님, 오직 예수님만이 우리의 구원에 대한 영광을 받으실 것입니다. 예수님이 아니었다면 우리 중 어느 누구도 그곳에 갈 수 없을 것입니다.

바울이 말한 것처럼, "나는 우리 주 예수 그리스도의 십자가 외에 결코 어떤 것도 자랑할 수 없습니다" (갈라디아서 6:14). 우리가 아무리 선한 일을 많이 한다 하더라도, 아무리 많은 사람을 주님께로 인도한다 하더라도, 주님을 위해 아무리 많은 교회를 세운다 하더라도, 우리의 영광은 오직 우리를 위해 죽으신 예수 그리스도 안에 있습니다. 우리의 의는 우리의 선한 행위나 인간적인 노력의 문제가 아니며, 어떤 의식이나 음식에 관한 율법을 지키는 것에 달려 있지 않습니다. 우리의 의는 지금부터 영원토록 하나님의 아들 예수 그리스도를 믿는 믿음, 오직 그 믿음의 결과인 것입니다.

믿음으로 얻은 의는 그리스도께 속한 모든 사람들 간의 차이를 없애 줍

2. 그 문은 절대로 닫혀 있지 않습니다

니다. 내가 당신보다 더 나을 것이 없고, 당신이 나보다 더 나을 것이 없습니다. 우리는 모두 죄인이고, 오직 하나님의 영광스러운 은혜로 구원받은 자들입니다. 하나님 앞에서의 의로운 신분을 얻을 수 있는 다른 방법은 없습니다. 하나님이 받아주시는 의는 오직 한 가지밖에 없는데, 그것은 우리에게 부여하신 예수 그리스도의 의입니다.

내가 나 자신의 의로움이나 행위로 하나님과 관계를 맺으려 하거나, 이번 주간에 착하게 살고 성경을 많이 읽고 기도를 많이 했기 때문에 하나님의 복주심을 기대한다면, 나와 하나님의 관계는 항상 미약할 것입니다. 어떤 때는 하나님과의 관계가 좋은 것 같고, 어떤 때는 나쁘다고 느껴질 것입니다. 왜 그렇습니까? 나의 의를 바탕으로 하나님과 관계를 맺으려 하기 때문입니다. 은혜가 없이는 하나님과 나의 관계는 실제로 성립될 수 없고, 평안을 누리는 것이 불가능합니다. 하나님과의 관계가 내가 어떻게 느끼느냐, 내가 어떻게 살고 있느냐, 또는 나 자신의 의에 달려 있다면, 대부분의 경우 우리는 하나님과 관계를 맺을 수 없을 것입니다.

그러나 하나님과의 관계는 나를 향하신 하나님의 은혜에 달려 있습니다. 복의 문은 절대로 닫혀 있지 않습니다. 하나님의 복은 하나님의 은혜, 거저 주시는 은총에 기초해서 우리에게 부여되는 것입니다. 결코 내가 복을 받을 자격이 있다는 것으로 복을 얻어 내지는 못합니다. 내 삶에 주어지는 복은 항상 나를 향하신 하나님의 거저 주시는 은총에 따른 것입니다. 하나님은 나를 아주 많이 사랑하시고, 어떻게 해서든 나에게 복을 주십니다. 하나님은 참 좋으신 분입니다! 가장 진실한 찬양은 우리를 향하신 하나님의 놀라우신 은혜를 깨닫고, 우리 마음속 깊은 곳에서 저절로 우러나오는 것입니다.

고약한 버릇

우리는 우리의 의로움이 하나님을 위해 우리가 행하는 일들과 어떤 식으로든 관련이 있다고 생각하는 것에서 벗어나기가 참 힘들다는 것을 발견하게 됩니다. 우리는 어떤 믿는 자들이 그들이 행한 일들 때문에 다른 믿는 자들보다 더 거룩하다고 생각하는 경향이 있습니다. 심지어는 이러한 기준으로 다른 사람들을 판단하기도 합니다. 우리가 하는 것만큼 그들이 일하지 않거나 우리만큼 그들도 열심이 있지 않을 때, 우리는 그들이 우리만큼 의롭지 않다고 생각합니다.

행위로 의로움을 얻는다는 개념을 우리 생각에서 떨쳐버리기란 정말 어렵습니다. 왜냐하면 이러한 개념이 너무 깊이 박혀 있어서 우리 가운데 많은 사람들이 죄책감으로 끊임없이 갈등하고 있기 때문입니다. 그리스도인인 우리들도 우리 자신이 죄의식에 빠질 수 있는 여건을 스스로 만들고 있을 때가 있습니다. 그러나 우리는 하나님을 사랑하기 때문에 하나님의 자녀로서 그 신분을 유지하기 위해 개인적인 행동의 기준을 세워 놓고 그것을 지키기 원하게 됩니다. 이제 그리스도께서 내 안에 거하시므로 나는 그분의 사랑을 나타내기를 원합니다. 그분의 사랑은 오래 참고, 온유하며, 성내지 않으며, 자비와 긍휼을 베푸는 것입니다.

그러나 내 안에 있는 사랑은 얼마나 깨지기 쉬운 보잘 것 없는 것인지 모릅니다. 내가 고속 도로를 달리고 있을 때 앞의 운전자가 멍청한 짓을 해서 내 목숨을 위태롭게 할 때가 있습니다. 그럴 때면 나는 그 즉시 화가 머리 끝까지 치밀어오릅니다. 요란하게 경적을 울리면서 바로 옆까지 다가가 그 못된 녀석에게 내 기분이 어떠했는지를 꼭 보여 주고 맙니다. 그러나 이 모든 고약한 짓을 다 하고 난 후에야, 내 차 번호판에 "갈보리"(CALVARY)라고 쓴 것이 기억나지 뭡니까! 그 순간 오래되고 친숙한 죄책감이 내 마음에 들어옵니다. '이러고도 내가 예수 믿는 사람이라니!' 하는 가책이 물밀 듯 일어나면서, 내가 얼마나 불의한 사람인가 하는 생각에 빠지게 됩니다. 나는 다시 그것을 망쳐 버렸고, 한 번 더 하나님을 실망시켜 드렸으며, 하나님으로부터 완전히 버림받은 기분에 사로잡히게 됩니다.

2.그 문은 절대로 닫혀 있지 않습니다

참으로 이해하기 어려운 것은, 나의 행위가 잘못되었을지라도 그것이 하나님 앞에서의 나의 의로운 신분과는 아무 상관이 없다는 사실입니다. 행위와 율법이라는 개념을 의로움이라는 개념과 따로 떼어서 생각하는 것은 무척 어렵습니다! 나의 행위와 하나님 앞에서의 나의 신분이 떨어질 수 없는 관계에 있는 것처럼 보이지만, 사실 이 둘은 전혀 관계가 없습니다.

사실은 단순하게 내가 하나님의 아들 예수 그리스도를 믿기 때문에 하나님이 의로운 신분을 내게 입혀 주신 것입니다. 만일 '운전하면서 절대로 화내지 말 것' 혹은 '자녀들에게 절대로 신경질 내지 말 것' 등의 규칙을 지키는 것이 우리에게 하나님과의 올바른 관계를 가져다 준다면, 나의 행위와 하나님 앞에서의 의로운 신분은 서로 연관되어 있는 셈이 됩니다. 그러나 생명을 가져다 주는 율법은 없습니다. 왜냐하면 죄는 우리에게 하나님으로부터의 소외와 사망을 가져다 주기 때문입니다. 우리에게 생명을 주시기 위해서 하나님은 행위로 얻는 의로움보다 더 나은 약속을 바탕으로 한 새로운 언약을 세우셨습니다. 그 새로운 언약이 바로 은혜의 복음입니다.

은혜와 평강

당신은 아주 나쁜 사람일 수도 있습니다. 당신은 화도 잘 내고 쓸모 없는 사람이어서 하나님이 당신을 사랑할 수 없을 것이라고 느낍니다. 육체를 따라 살면서 완전히 실패한 자신에 대해 당신은 염증을 느끼고 있습니다. 하나님의 심판의 채찍이 당신을 기다리고 있다는 것도 당신은 잘 알고 있습니다.

이 때, 갑자기 침울한 어두움을 깨고 하나님이 당신에게 놀라운 복을 주십니다. 그 순간 마음속에서 저절로 하나님에 대한 찬양이 터져나오게 됩니다. 이것이 바로 진정한 찬양의 모습입니다. 하나님의 은혜에 대한 반응으로 저절로 터져나오는 것 말입니다. 이러한 종류의 찬양은 다음과 같은 것들이지요. "하나님은 내게 참 좋으신 분이라오. 나는 그 사랑을 조금도 받을 자격이 없네."

나는 은혜를 바탕으로 하나님과 관계를 맺기 때문에 절대로, 절대로 그분의 복주심으로부터 단절되지 않습니다. 그러나 반대로 만일 내가 나의 선함과 행위를 바탕으로 하나님의 복주심을 기대한다면, 나는 번번이 그것으로부터 단절되고 말 것입니다.

내가 나의 삶에서 하나님의 복을 받지 못하는 것은 나의 외부적인 행위와는 아무 관계가 없고, 오히려 그것은 하나님의 은혜에 대한 나의 믿음의 부족에서 기인한다는 사실을 발견했습니다. 나는 하나님의 복주심이 무조건적이라는 사실을 깨달았습니다. 내 삶에 베풀어 주신 하나님의 복을 보면 볼수록 나는 내가 전혀 복 받을 자격이 없는 사람이라는 것을 더욱 깨닫게 됩니다. 나는 이 진리 때문에 놀라운 평강을 누리게 되었으며 전혀 걱정할 필요가 없게 되었습니다.

하나님과의 관계에 있어서 우리 자신의 의를 의지한다면, 우리는 결코 지속적인 평강을 누리지 못할 것입니다. 우리의 노력과 행위를 바탕으로 하나님과 관계를 맺으려 하는 것은 언제나 갈등과 긴장 그리고 강요를 수반합니다. 우리가 하나님의 평강을 알아 가야 한다면, 우리는 하나님의 이 놀라우신 은혜가 하나님 편에서부터 먼저 우리에게 흘러온다는 사실을 깨달아야 합니다.

그리고 이 영광스러운 하나님의 은혜를 받아들이고 나면, 하나님의 평강이 우리의 마음과 삶을 가득 채우게 됩니다. 우리가 비록 완벽하지 않고 실패할지라도 하나님이 우리를 사랑하신다는 사실을 우리는 잘 압니다. 아무도 우리를 사랑하지 않는 것처럼 느껴질 때조차도 하나님은 여전히 우리를 사랑하십니다.

2. 그 문은 절대로 닫혀 있지 않습니다

신약 성경에 나오는 등이 서로 붙은 쌍둥이에 대해 들어 보셨나요? 그 쌍둥이는 "은혜와 평강" 이라는 두 단어입니다. 이들은 항상 이 순서로 짝을 이루고 있습니다. 쌍둥이 중에 형은 은혜라고 말할 수 있습니다. 항상 은혜와 평강이라고 언급되지, 평강과 은혜라고 언급되지는 않습니다. 왜 그럴까요? 그것은 말을 마차 앞에 놓는 것과 같은 것입니다. 바른 순서는 언제나 "은혜와 평강" 입니다. 왜냐하면 먼저 우리의 삶에서 하나님의 은혜를 경험할 때까지는 우리 마음속에서 하나님의 평강을 알 수 없기 때문이지요.

예수님의 깨끗하심과 같이
성경은 예수님을 믿으면 "의롭게 된다" 고 말합니다. 이것은 무슨 뜻일까요? 그것은 하나님이 마치 우리가 전혀 죄 지은 적이 없는 사람처럼 그분 앞에 설 수 있도록 우리에게 어떤 신분을 허락해 주셨다는 것입니다.

하나님이 이루신 이 일은 결코 작은 일이 아니었습니다! 우리 모두가 죄를 지었고 의의 표적을 맞추지 못했는데, 어떻게 우리를 전혀 죄짓지 않은 의로운 사람으로 봐 주실 수 있겠습니까? 만일에 하나님이 우리의 삶을 있는 그대로 보시며 하나님의 공의로운 속성에 따라 행하셔야 했다면, 어떻게 그분은 마치 우리가 완전한 것처럼 우리를 대하실 수 있을까요?

이 부분이 바로 복음의 능력이 등장하는 곳입니다. 하나님은 죄 없으신 예수님을 우리를 위하여 죄인으로 만드셨습니다. 성경은 하나님이 죄 없으신 그리스도께 우리의 모든 죄악을 담당시키셨다고 선언합니다. 예수님이 문자 그대로 내가 죄인으로서 마땅히 받아야 할 벌을 나를 위하여 대신 받으신 것입니다.

이것이 영광스러운 은혜의 복음입니다. 우리는 율법 아래에서 얻을 수 있는 어떤 의보다도 훨씬 더 월등한 의의 신분을 가지고 하나님 앞에 설 수 있게 된 것입니다. 아무리 우리가 섬세하게 율법을 지키려 노력해도 언제나 부족할 뿐, 그것은 잘 되지 않습니다. 그러나 그리스도에 대한 믿음으로 말미암아 오는 의는 하나님이 우리에게 입혀 주신 것으로 온전한 의입니다. 아무 것도 더할 필요도 없고 더할 수도 없습니다. 나는 그리스도 안에서 하나님 앞에서 절대적으로 온전한 의로운 신분을 가지고 있습니다. 하나님이 보시기에 나는 완전합니다. 그 말은 내가 완전한 사람이라는 뜻은 아닙니다. 예수 그리스도는 완전하시며 나는 그분에 대한 나의 믿음 때문에 그분의 의를 얻게 되었다는 의미일 뿐입니다.

하나님이 내 마음에 부어 주신 그분의 은혜를 아는 지식과 내가 하나님과 맺고 있는 사랑의 관계를 생각할 때, 나는 어떻게 하나님께 감사하고 찬양해야 할까요! 그분의 은혜와 사랑은 변하지 않습니다. 내가 우울할 때나 올바르지 못할 때나 화가 났을 때에도 그것은 언제나 동일합니다. 그것은 꾸준하며 항상 거기에 있는 풍성한 관계입니다. 그분은 내가 상냥할 때도 나를 사랑하시고, 심술궂을 때도 사랑하십니다. 이 하나님의 은혜와 그 은혜에 의한 복음을 아는 것이 얼마나 귀하고 복된 일인지요!

3
은혜

천국에는
차별이 없습니다

절대로 구원받지 못할 것으로 생각했던 사람들이 종종 예수님을 영접하고 구원받는 것을 알고 있습니까?

갈보리 채플에서는 오랫동안 서로 만나지 못했던 사람들이 뜻밖에 복도에서 만나 이상 야릇하게 서로를 쳐다보며, "네가, 여기 웬일이야?" 하고 한 목소리로 말하는 모습은 그리 보기 힘든 것이 아닙니다. 손에 성경을 들고 얼굴에 미소를 지으며 교회에서 서로 마주친 이들은 한 순간 넋이 나가 버립니다. 둘 다 서로가 예수 믿고 구원 받으리라고는 생각하지 못했던 것입니다.

나는 초대 교회의 매우 많은 사람들이 사울의 구원을 위해 기도했다고는 생각하지 않습니다. 그들은 아마도 다음과 같이 기도했을 것입니다. "주님, 이 자를 처치해 주십시오. 그가 교회를 말살하려 합니다. 그를 막아 주세요. 주님!" 그들은 아마 하나님이 심판의 단칼을 내려치시기를 바랐을 것입니다.

그러나 하나님은 그들이 생각했던 것과는 전혀 다른 방법으로 그를 중지시킬 계획을 가지고 계셨지요. 하나님은 다마스커스 도상에서 그를 정지시켜 그의 삶을 180도로 돌려 놓으셨습니다. 사울은 바울로 다시 태어났고, 그는 은혜의 복음의 역사에서 가장 위대한 전도자가 되었습니다.

하나님은 전혀 예상 밖의 사람들을 붙들어서 그분의 은혜의 전리품으로 바꾸어 놓으시는 데 명수이십니다. 그분은 우리 각자 안에서 아름다운 변화를 만드실 수 있습니다. 그분은 우리의 가치 체계를 바꾸시고, 그리스도 안에서 우리를 새로운 피조물로 만드실 수 있습니다. 그분은 그분의 은혜가 할 수 있는 일들의 본보기로 우리를 부르셨습니다.

쓸모 없는 자는 없습니다
때때로 우리는 하나님이 강한 사람, 지식 있는 사람, 잘생긴 사람과 같은 '특별한' 사람만 사용하신다고 생각하는 실수를 범합니다. 우리 같이 평범한 사람들은 쓰일 곳이 없다고 생각하지요. 하지만 이러한 우리의 생각이 전적으로 잘못된 것입니다.

하나님께 '중요한' 사람이란 없습니다. 하나님은 보통 사람들을 사용하시고 평범한 사람들을 통해 일하십니다. 그래서 바울은 이렇게 말했습니다.

> 형제들아, 너희를 부르심을 보라. 육체를 따라 지혜 있는 자가 많지 아니하며 문벌 좋은 자가 많지 아니하도다. 그러나 하나님께서 세상의 미련한 것들을 택하사 지혜 있는 자들을 부끄럽게 하시고 세상의 약한 것들을 택하사 강한 것들을 부끄럽게 하시며(고린도전서 1:26,27).

하나님은 우리 같이 평범한 사람들을 사랑하시고, 또 우리에게 성령의 은사를 부어 주셔서 그리스도의 몸 안에서 우리의 역할들을 감당하게 하십니다. 우리가 가지고 있는 어떠한 능력도 모두 주님으로부터 받은 선물입니다. 우리가 가진 모든 것은 주님으로부터 받은 것입니다. 바울이 고린도전서 4장 7절에서, "네가 가진 것 중에 받지 아니한 것이 무엇이냐?" 라고 질문한 것처럼 말입니다.

3. 천국에는 차별이 없습니다

마치 내가 그것을 받지 않은 것처럼, 혹은 마치 내가 여러분에게 전하는 것이 나의 타고난 소질이나 명석함에서 비롯된 것처럼 어떻게 내가 나의 사역을 자랑하겠습니까? 내게 쓸 만한 것이 있다면, 모두 하나님께로부터 온 것입니다. 마치 내가 그분의 신세를 지지 않는 독립적인 존재인 것처럼 절대로 자랑하고 뽐낼 수는 없습니다. 그분을 떠나서는 나는 아무 것도 아니며, 또 그분을 떠나서는 나는 아무 것도 할 수 없습니다.

사람들은 흔히 자신의 중요성과 능력을 과대 평가한 나머지, 하나님의 일을 행하면서 자신의 역할에 대해 자만에 빠지게 됩니다. 그러나 사실 하나님은 아무도 필요로 하지 않으십니다. 내가 여러분을 중요하지 않은 사람으로 여기는 것 같아서 미안하지만, 사실이 그렇습니다. 하나님이 우리를 사용하시기로 하셨지만, 꼭 그러실 필요는 없습니다. 그분은 쉽게 다른 사람들을 사용하실 수도 있습니다.

내게는 이것이 얼마나 감격적인지 모릅니다. 나는 내가 잘나서 섬기도록 선택받은 것이 아닙니다. 하나님은 우리의 훌륭함이나 능력, 혹은 잠재력 때문에 우리를 선택하시지 않습니다. 그분은 우리를 택하시기로 결정하셨기 때문에 우리를 선택하셨습니다. 중요한 것은 잘난 체하는 사람들은 이 사실을 싫어한다는 것입니다. 그들은 그냥 선택된 것이 아니라 다른 사람보다 그들이 '특별히 잘나서' 선택되었다고 생각합니다. 대개 보면 그렇지도 않은 사람들이 말입니다. 하나님은 그분의 은혜로 택하십니다. 그래서 나를 택하셨고 당신을 택하신 것입니다.

천국에 가면 깜짝 놀랄 일이 많을 것입니다. 주위를 둘러보면서 가장 먼저 놀랄 일은 절대로 오지 못하리라 생각했던 사람들이 와 있는 것입니다. 두 번째 놀랄 일은 맨 앞줄 영광의 자리에 앉아 있는 사람들일 것입니다. 우리는 이렇게 말하겠지요. "이 사람들은 누구야? 전에 본 적이 없는 사람들인데. 몇몇은 갈보리 채플에 다니던 사람들이네!" 어떤 사람은, "그런데 척 목사님은 어디에 계시지?" 라고 묻겠지요. 그러면 맨 뒤

쪽 별 볼일 없는 자들 틈에 껴서, "나 여기 있어요. 감사하게도 그분의 은혜로 저도 왔어요!" 라고 소리를 지르겠지요.

천국에서는 모두 동등합니다
다마스커스(Damascus) 도상에서 예수님을 얼굴로 대하여 직접 만나기 전까지는 사도 바울은 그의 삶을 대부분 바리새인의 신분으로 살았습니다. 잘 알겠지만, 바리새인들이란 엄격한 율법주의적 유대 종교 단체의 구성원들로서 매우 강하게 예수님을 적대하던 사람들이었습니다. 그들이 어떤 사람들이었는가 하는 것은 그들의 기도를 통해 잘 알 수 있는데, 그 기도 중 몇 개는 아직도 남아 있습니다. 아침마다 랍비들은 이렇게 기도했습니다. "감사합니다, 하나님! 내가 이방인으로 태어나지 않고, 종으로 태어나지 않고, 여자로 태어나지 않은 것을 감사합니다." 틀림 없이 바울도 이러한 기도를 오랫동안 했을 것입니다.

그런데 바울이 이러한 전통적인 기도의 세 가지 요소 모두를 완전히 뒤바꾸어 놓는 것은 참으로 흥미롭습니다. 그는 다음과 같이 기록합니다.

> 거기에는 유대인이나 그리스인이 없고 매인 자나 자유로운 자가 없으며 남자나 여자가 없나니 너희는 다 그리스도 예수님 안에서 하나이니라(갈라디아서 3:28).

예수님은 훌륭한 평형 장치이십니다. 그분의 은혜는 한 사람을 또 다른 사람보다 더 높이시지 않습니다. 우리는 모두 하나입니다. 왜냐하면 우리는 모두 그리스도 안에서 똑같이 하나님이 받아주신 죄인들이기 때문입니다. 하나님이 우리 각자에게 엄청난 가치를 부여하십니다.

이 복음은 세상 어디든지 가는 곳마다 엄청난 영향을 끼쳤습니다. 여성들의 권리를 생각해 보십시오. 뉴 기니아(New Guinea)에 기독교가 들어가기 전에는, 여자들은 신을 숭배할 가치도 없는 존재로 취급받았습니다. 그래서 신을 숭배하는 자리에 가까이 가기만 해도 죽임을 당했습니다. 이러한 저급한 사회 제도는 여인들에게 많은 두려움과 수치심을 자아내게 했고, 따라서 여인들의 자살률이 극도로 높았습니다. 또한 여인

3. 천국에는 차별이 없습니다

들에 대한 억압은 매우 심했습니다. 이러한 곳에 복음이 전해졌을 때 그 문화에 미쳤을 영향을 생각해 보십시오. 갑자기 남자와 여자들이 그리스도 안에서는 차별이 없다는 사실을 발견하게 된 것이지요.

예수님은 어떤 인구 통계학적 집단에 속하든지 상관 없이, 모든 사람에게 똑같이 하나님 앞에 나아갈 수 있는 길을 마련해 주셨습니다. 하나님은 우리를 의롭게 된 이방인이나 조금 아는 사람으로 받아주신 것이 아니라 너무나 사랑하는 자녀로 받아주셨습니다. 요한은 우리에게 말합니다.

> 그분을 받아들인 자 곧 그분의 이름을 믿는 자들에게는 다 하나님의 아들이 되는 권능을 그분께서 주셨으니(요한복음 1:12).

이것이 복음의 아름다움입니다.

비록 우리가 악한 사람이었다 하더라도, 혹은 어떤 잘못을 저질렀다 하더라도 예수 그리스도를 믿기만 하면 우리는 모든 죄를 용서받게 됩니다. 심지어 이것보다 더 놀라운 복은 하나님이 우리를 그분의 자녀로 받아주신다는 것입니다. 바울이 "너희가 다 그리스도 예수님을 믿는 믿음으로 말미암아 하나님의 아이들이 되었나니" (갈라디아서 3:26)라고 한 말이 바로 그것입니다. 이 구절에서 "아이들이 되었나니" 라는 말은 문자적으로 "아들로 임명되다" 라는 뜻입니다.

하나님께는 중요한 사람이 없습니다. 강한 사람, 잘생긴 사람, 지적인 사람들만이 그분의 은혜의 대상은 아닙니다. 그분은 우리 같이 평범한 사람들을 불러 따뜻한 사랑으로 감싸 주시고, 강한 팔로 끌어안아 주십니다. 이것이 은혜의 복음입니다.

은혜로 선택받았습니다

바울은 그의 생애 전체를 하나님의 은혜로운 선택의 결과로 보았습니다. 그래서 그는 이렇게 말했습니다. "자신의 아들을 내 안에 계시하사 내가 그분을 이교도들 가운데 선포하는 것을 기뻐하실 때에" (갈라디아서 1:16). 이것이 바로 우리 각자의 삶 속에서 하나님이 하시고 싶어 하는 것입니다. 이것이 바로 지금 당신의 삶 속에서 하나님이 하시고 싶어 하는 일입니다. 하나님은 당신을 통하여 그분의 아들을 세상에 나타내기를 원하십니다.

사실상 하나님은 당신이 잉태된 순간부터 그분의 아들을 나타내는 완벽한 도구로 사용하시기 위해 당신의 삶 가운데 역사해 오셨습니다. 이것이 바로 바울이, "내 어머니의 태에서부터 나를 구별하시고 자신의 은혜로 나를 부르신 하나님께서" (갈라디아서 1:15)라고 말한 이유입니다. 바울이 주님의 사역을 시작하기 오래 전부터 하나님이 그를 준비시키신 것을 보면 정말 놀랍습니다.

하나님은 이방인들에게 복음을 전할 특별한 사람이 필요하게 될 것을 아셨습니다. 이 사람은 뿌리 깊은 유대인의 전통을 깨뜨려야만 했습니다. 당시 유대인들은 다른 민족에 대해 매우 배타적이었습니다. 그들은 이방인들과 함께 어울리려 하지 않았는데, 심지어 같이 먹지도 않고 그들의 집에도 들어가려 하지 않았습니다. 바리새인이 길을 걸어갈 때에는 혹시 옷자락이 바람에 날려 이방인들에게 닿을까 걱정스러워 겉옷을 바짝 감아쥐고 걷습니다. 잘못해서 이방인들에게 옷자락이 닿기라도 하면, 집에 가서 목욕하고 겉옷을 빨고 그 날은 성전에 가지 않습니다. 스스로 부정한 자로 여기는 것이지요. 그러나 하나님이 이방인들에게 복음을 전하기 위해 필요로 하는 사람은 이방인들에게로 가서 그들과 같이 살면서 그들과 같이 되어야 할 사람이었습니다.

이 특별한 일을 위해 하나님이 그의 조상들의 전통을 가장 열심히 지키는 유대인을 택하셨다는 사실이 얼마나 흥미롭습니까!

바울은 자신의 삶을 돌아보면서, 하나님의 손이 처음부터 자신의 삶 가

3. 천국에는 차별이 없습니다

운데 역사하셨다는 것을 알 수 있었습니다. 헬라 문화가 편만한 당시 세상에서 하나님이 택한 사람은 헬라의 관습과 철학에 능통한 사람이어야 했습니다. 또 그는 로마 제국의 모든 영토를 여행하며 온갖 위험을 겪을 것이기 때문에 로마 시민권도 가지고 있어야 했습니다.

그래서 하나님은 바울이 로마의 시민권자로 태어나게 하셨습니다. 그가 어떻게 로마의 시민권자로 태어났는지는 모르지만, 그것이 바울에게는 분명히 큰 혜택을 가져다 주었습니다. 그것으로 인해 바울은 여러 가지 어려움과 심지어 목숨이 위태로운 지경에서도 구원 받을 수 있었습니다 (사도행전 22장과 25장 참조).

바울의 고향인 다소(Tarsus)는 헬라 문화가 상당히 강한 지역이었습니다. 바울은 헬라의 관습과 사상을 그저 조금 접한 것이 아니었습니다. 그는 그것의 일부였습니다. 그로 인해 그는 이방인들에게 효과적으로 접근할 수 있었고, 헬라 사상의 뜻과 미묘한 차이를 잘 알고 있었습니다. 그의 이러한 모든 배경으로 인해, 바울은 헬라인들에게 예수 그리스도의 진리를 전할 수 있게 된 것입니다.

동시에 하나님은 철저한 유대인이 필요하셨습니다. 바울이 열 두 살 때, 그의 부모는 당시 가장 유명한 유대인 석학인 가말리엘의 문하에서 공부하도록 바울을 예루살렘으로 보냈습니다. 거기서 바울은 탈무드와 히브리 성경을 철저히 배우며, 히브리 문화와 전통에 흠뻑 젖게 됩니다. 바울은 율법에 대해 극도로 열심을 갖게 되었고, 최선을 다해 율법을 지킴으로써 의로워지려고 노력했습니다. 그는 같은 시대의 사람들 중에서 가장 뛰어난 자가 되었습니다.

바울은 빌립보 교인들에게 다음과 같이 말했습니다.

> 나도 육체를 신뢰할 만하니 만일 누구든지 다른 이가 육체를 신뢰할 것이 있는 줄로 생각하면 나는 더욱 그러하니라(빌립보서 3:4).

베드로와 다른 제자들은 어부나 세리의 배경을 가진 자들로서 바울만큼 철저하게 율법을 이해하도록 준비되지는 못했습니다.

하나님이 다마스커스 도상에서 바울에게 그분의 은혜를 나타내시는 그 날이 마침내 이르렀을 때, 바울은 구약의 성경 말씀들과 최근에 있었던 예수 그리스도의 나타나심을 바로 연관지어 생각할 수가 있었습니다. 그는 새로운 관점에서 메시아를 바라보기 시작한 것입니다. 바울이야말로 은혜의 복음을 전하기에 가장 완벽한 선택이었습니다. 왜냐하면 율법으로 의로워지려고 애쓴 사람이라면, 바울보다 더한 사람은 없었기 때문이지요. 바울은 다음과 같이 말할 수 있었던 사람이었습니다. "율법에 있는 의에 관하여는 흠이 없는 자로라"(빌립보서 3:6). 그는 율법으로 의로워지려는 것이 얼마나 헛된 일인가를 깨달았습니다. 그래서 예수 그리스도를 아는 영광스러운 지식에 접했을 때, 그는 예수 그리스도에 대한 그의 믿음을 통해 부여받은 새로운 의를 기쁨으로 받아들였던 것입니다.

변한 것은 없습니다

바울의 이야기는 매우 극적입니다. 하지만 이러한 하나님의 예비하심이 그에게나 다른 신약에 나오는 성도들에게만 해당되는 것이라고 생각지 마십시오. 예를 들어, 내 삶만 돌아보아도 하나님이 내가 할 일을 위해 나의 어머니 뱃속에서부터 나를 구별하신 것을 알 수 있습니다.

뒤돌아보면, 당시에는 중요한 일로 보이지 않던 일들이 중요한 일이었음을 깨닫게 됩니다. 이제야 나는 이러한 모든 일들이 나의 운명을 만들고 결정하는 인생의 기로에 있었다는 것을 깨닫게 됩니다. 당시에는 하나님의 손길이 어딘가 가까이 계신 것을 깨닫지 못했으나, 지난 일을 돌아보면서 나는 이 모든 상황 가운데 하나님의 손길이 함께 하셨다는 것을 알게 됩니다. 나는 하나님이 나를 내버려 두신 줄 알았습니다. 그러나 이제 나는 나에게 부여하신 일들을 감당하도록 나를 준비시키시기

3. 천국에는 차별이 없습니다

위해서, 내 삶의 온갖 어려운 상황 가운데서도 하나님이 역사하신 것을 보게 됩니다. 인생의 중요한 순간에 내가 내렸던 결정들을 돌아보며 하나님이 나를 여기까지 인도하셨다는 사실을 깨닫게 될 때, 얼마나 흥분되는지 모릅니다.

우리는 "내 인생길 내내 주님이 나를 인도하시네!" 라고 찬송을 부릅니다. 다 지나고 나서야 나는 하나님의 손길이 처음부터 내 삶에 함께 하신 것을 간증할 수 있게 되었습니다. 때때로 하나님은 나를 보호하시기 위해서 초자연적으로 간섭하셨습니다. 그분은 내가 해야 할 특별한 일을 가지고 계셨고, 그 일에 맞는 사람으로 나를 만들어 가셨습니다.

내가 태어나기 몇 주 전에 나의 사촌이 뇌막염으로 죽었습니다. 그리고 나의 누나도 이 몹쓸 병에 걸렸습니다. 하루는 누나가 너무 심하게 경련을 일으켜서 우리 가족은 모두 그녀가 죽은 줄 알았습니다. 나의 어머니는 급히 아이를 안고 동네에 있는 교회의 목사님 사택으로 달려가서 카펫 위에 생기 없는 누나의 몸을 내려 놓았습니다. 그리고는 목사님과 나의 어머니는 누나를 살려 달라고 하나님께 간절히 기도했습니다. 눈은 이미 힘이 풀려 있었고, 턱은 굳었으며, 맥박도 희미했습니다.

얼마 후 나의 아버지가 당구장에서 집으로 돌아오셨을 때, 한 간호사가 그를 기다리고 있었지요. 그리고는 "빨리 당신 아내에게 가 보세요. 당신의 딸이 죽어가고 있는데, 아마 지금쯤은 숨이 끊어졌을 거예요!" 라고 말해 주었습니다. 나의 아버지는 그 목사님을 때려 눕히고 누나를 병원으로 데려 가려고 사택으로 달려갔습니다. 의사가 필요한 때에 교회에 가서 기도하고 있다는 것은 말도 안 되는 일이라고 생각했던 것이지요. 그러나 사택에 도착한 아버지는 누나의 상태를 보고 이미 늦은 것을 깨달았습니다. 그는 무릎을 꿇고 하나님 앞에서 흐느껴 울었습니다.

목사님은 나의 어머니에게 말했습니다. "자, 이제 당신의 눈을 이 아이에게서 주님께로 돌리십시오. 주님만을 바라봅시다." 그 때 임신 중이었던 나의 어머니는 얼굴을 하나님께 돌리고 기도했습니다. "주님, 제 딸을 살려 주시면 제 삶을 주님께 바치겠습니다. 주님이 원하시는 일이라면 무슨 일이든지 다 하겠습니다." 그러자 누나가 그 즉시로 살아나서 울기 시작하며 일어나 앉아 주위를 둘러보고는 집에 가자고 하는 것이었습니다. 나의 부모님은 누나를 데리고 왔고, 그녀는 완전히 나았습니다.

그리고 몇 주 후에 내가 태어났습니다. 의사 선생님이 "아들입니다!" 라고 말하자, 나의 아버지는 병원 복도를 돌아다니시며 "할렐루야, 아들입니다!" 를 외쳤습니다. 그 때 나의 어머니는, "주님, 감사합니다. 저의 딸을 돌려주셔서 감사합니다. 전에 제가 주님께 드린 서원을 이 아들을 통해서 갚겠습니다!" 라고 기도했습니다.

아주 어린 시절부터 나의 어머니는 하나님의 말씀을 내 마음속에 심어 주셨습니다. 내가 마당에서 그네를 타고 있는 동안에도 성경 구절을 외우도록 도와주셨습니다. 내가 네 살이 되었을 때는 성경을 가지고 책 읽는 법을 가르쳐 주셨습니다. 나는 내가 발음할 수 없는 단어들의 철자를 말할 수 있었습니다. 나중에 나의 어머니는 모르는 알파벳 글자를 설명하려고 노력하던 나의 모습을 얘기해 주시면서 웃으셨는데, 내가 '브이' (V)를 '뒤집어진 텐트' 라고 불렀다는 것입니다. 어머니는 인내와 사랑을 가지고 나를 길렀으며, 나에게 하나님을 경외하는 마음을 가르쳐 주셨습니다.

일곱 살이 되었을 때, 나는 성경의 모든 책의 이름들을 말하고 쓸 수 있게 되었습니다. 잠자리에 들 때 나는 동화를 들어 본 적이 없고, 성경 이야기만을 듣고 자랐습니다. "골디락" (Goldilocks)과 "곰 세 마리" 대신에 나는 다윗과 모세의 이야기를 들으며 자랐지요. 나의 어머니는 하나님이 함께 하시면 아무도 두려워할 필요가 없고, 두려워할 것도 없다고 가르쳐 주셨습니다. 하나님이 함께 하시면 거인도 나를 대적할 수 없

3. 천국에는 차별이 없습니다

다고 말입니다.

나는 내 일생에서 하나님을 모른 적이 없었고, 하나님을 사랑하지 않은 적이 없었습니다. 나에게는 구원의 간증 같은 것이 없습니다. 공개적으로 나의 신앙을 고백하고 침례를 받은 적은 있지만, 어머니 뱃속에서부터 하나님과 하나님의 말씀을 위하여 구별되었던 것 같습니다.

나이가 들어 가면서 나는 신경외과 의사가 되기로 결심하고 필요한 과정을 시작했습니다. 나의 포부를 말씀드릴 때마다 나의 어머니는 빙그레 웃으시며 나를 격려해 주셨습니다. 어머니는 내가 태어날 때에 내 삶을 하나님께 바치겠다고 서원하신 것을 내게 전혀 말해 주시지 않았습니다.

십대 시절 여름 캠프에서 하나님은 내 삶을 변화시키셨고, 거기서 나는 주님이 온전히 나의 삶의 주인이 되셔서 다스려 주시도록 헌신하고 결단했습니다. 그 때 하나님은 나에게 사람은 육체적인 것보다 훨씬 더 중요한 필요를 가지고 있음을 강하게 인식시켜 주셨습니다. 사람들의 육체적인 필요를 위해 사역하는 것은 일시적인 도움을 제공하지만, 영적인 필요를 위해 사역하는 것은 사람들을 영원히 돕는 것입니다. 하나님은 나를 사람의 영혼을 치료하는 그분의 사역의 일꾼으로 부르셨습니다.

나는 내가 의사가 되지 않겠다고 하면 어머니가 굉장히 실망하실 줄 알았습니다. 내가 가족들에게 나의 삶의 방향 전환에 대해 말하면, 모두들 어깨가 축 늘어져서 실망한 얼굴이 되리라 생각했습니다. 그러나 내가 어머니에게 하나님이 나를 사역자로 부르셔서 성경 대학에 가기로 했다고 말씀드렸을 때, 어머니는 환한 미소를 지으며 "잘 했다, 아들아!" 하시는 것이었습니다. 우시거나 속상해 하시지 않는 것이 참 이상했습니다.

나는 성경 대학에 다니며 모든 훈련 과정을 마치고 케이와 결혼한 후 함께 사역을 시작했습니다. 어머니가 돌아가시기 얼마 전, 어머니는 누나의 명백한 죽음과 그녀가 하나님께 약속한 것, 그리고 그 때 서원한 것을 나를 통해 지키기로 하나님께 약속한 이야기를 처음으로 말해 주셨습니다. 나의 어머니는 내가 아는 가장 아름답고 경건한 분들 중에 한 분이었으며, 영적인 깊이가 있는 모범적인 믿음의 삶을 사신 분이셨습니다. 내 삶을 돌아보면, 하나님이 그분의 사역을 위해 어머니 뱃속에서부터 나를 구별하셨던 것을 알 수 있습니다.

당신의 삶도 마찬가지라는 사실을 알고 계십니까? 만일에 당신이 믿음으로 당신의 영원한 운명을 예수 그리스도의 사랑의 손 안에 맡겨 드렸다면, 하나님이 당신의 삶에서 일어나는 모든 사건들과 환경들을 다 듬어서 당신 주변에 있는 사람들에게 그분의 아들을 나타내는 아름다운 모자이크를 만들고 계신다는 사실을 확신할 수 있을 것입니다. 당신이 태어나기 전부터 지금까지 그랬던 것처럼, 그분의 손은 지금 당신 위에 있습니다.

은혜로 부르심을 받았습니다

하나님의 손이 은혜로 우리 위에 계신다는 사실을 기억하는 것은 매우 중요합니다. 우리 모두는 은혜로 부르심을 받았습니다. 바울이 "그러나 내 어머니의 태에서부터 나를 구별하시고 자신의 은혜로 나를 부르신 하나님께서"(갈라디아서 1:15)라고 말한 것처럼 말입니다. 나는 하나님을 섬기도록 부름 받을 자격이 없습니다. 구원 받을 자격도 없습니다. 천국에 갈 자격도 없습니다. 지옥의 가장 뜨거운 곳에 가야 마땅한 사람입니다.

그러나 하나님이 나와 우리 모두에게 주신 것은 그것이 아닙니다. 하나님은 우리의 삶을 은혜 가운데 계획하시고, 우리 각자에게 해야 할 특별한 일을 주셨습니다. 어떤 사람들은 그들의 삶에 대한 하나님의 계획을 한 시간 만에 다 이루는가 하면, 나와 같은 사람들은 천천히 전 생애를 통해서 하나님이 우리에게 주신 최종의 목적을 달성하기도 합니다.

3. 천국에는 차별이 없습니다

모르드개가 에스더에게 한 질문을 기억하십니까?

> 네가 이와 같은 때를 위해 왕국에 들어갔는지 누가 알겠느냐?(에스더기 4:14).

에스더의 삶에 대한 하나님의 주요한 목적은 며칠 만에 다 이루어졌습니다. 하나님은 그녀를 일으키셔서 바사(Persia) 궁으로 들어가게 하시고, 아하수에로 왕의 아내가 되게 하신 후, 그녀의 간청을 통해 유대인들을 구원하고자 하셨습니다.

하나님은 우리 각자가 해야 할 특별한 일을 가지고 계시며, 우리 모두는 그 일을 위하여 준비될 필요가 있습니다. 우리 중 많은 사람들은 우리의 날이 이르기 전에 이 준비를 위해 우리 삶의 대부분을 보내게 될 것입니다. 우리는 우리의 삶을 향한 하나님의 목적을 이루게 될 것이고, 그리고는 사라질 것입니다. 이렇게 하여 우리를 향한 하나님의 목적들은 이루어져 갈 것입니다.

우리가 어디에 있든지 하나님이 우리를 거기에 두시는 이유가 있습니다. 하나님은 그의 손을 우리의 삶 위에 얹고 계시며, 우리 삶에 일어나는 모든 일 위에 얹고 계십니다. 우리는 어려운 시험을 겪고 있을지도 모릅니다. 하지만 고생도 필요합니다. 하나님은 그분의 목적을 이루어 드릴 수 있는 인격과 자질을 우리 안에 만들어 가기를 원하십니다.

하나님은 우리 각자의 삶 속에서 일하고 계십니다. 우리는 그분의 만드신 바, 즉 그분의 '포이메마'[poimema] 혹은 그분의 작품입니다(에베소서 2:10 참조). 하나님은 그분의 왕국에서 그분의 영광을 위하여 우리에게 맡기신 일들을 우리가 이룰 수 있도록, 그분의 은혜에 따라 우리 각 사람 안에서 일하실 것입니다.

함정을 조심하십시오

사탄은 하나님의 손이 우리 위에 있다는 것을 잘 알기 때문에, 우리의 연약함과 무능함을 이용해 우리가 용기를 잃도록 만들고자 할 것입니다.

마귀는 종종 우리로 하여금 불합리한 일을 하도록 부추기며, 하나님이 그러한 일 뒤에 계신다고 믿게 만듭니다. 그리고는 우리의 능력을 넘어서는 어떤 수준의 완전함에 이르도록 몸부림치며 애를 쓰게 만들지요.

사탄이 이렇게 우리를 괴롭히고 무거운 짐을 지울 때, 많은 경우 우리는 절망에 빠져 극도로 자신감을 잃고 그만두고 싶어 합니다. 그러나 하나님이 우리를 위해 정해 주시지 않은 어떤 기준에 이르려고 애쓸 때마다 우리는 힘들고 어려울 수밖에 없습니다. 그리고 그 결과는 비극적일 수 있습니다.

신체 장애자인 한 소년이 우리 교회에 나오고 있었습니다. 예배가 끝날 때마다 이 소년은 내게로 다가와 대화를 나누기를 원했습니다. 그는 말하는 데 매우 많은 어려움을 가지고 있었지만, 자신을 표현하는 그의 능력에 나는 감탄하지 않을 수 없었습니다. 나는 또한 그의 지적인 능력에 놀랐습니다. 그의 질문들은 통찰력 있는 좋은 것들이었습니다.

그러나 그는 또한 극도로 괴로워하고 있었습니다. 하루는 교회 앞 복잡한 길에서 달리는 자동차 앞으로 자신의 몸을 던지려 했습니다. 우리는 그를 교회 사무실로 데리고 들어와 같이 기도하고 관계 기관에 연락을 했습니다. 우리는 그의 안전을 위하여 의사의 진찰이 필요하다고 느꼈지요. 그는 병원으로 실려 갔고, 거기서 진찰을 받은 후 집으로 보내졌습니다.

그는 견딜 수 없는 죄책감에 사로잡혀 있는 것이 분명했습니다. 그는 나에게 "목사님, 담배를 끊을 수가 없어요!" 라고 호소했습니다. 나는 담배를 피운다고 해서 엉터리 그리스도인은 아니며, 그러니 그것에 대해 걱정하지 말라고 말해 주었습니다. 그 다음 주일에 교회에서 만났는데, 그는 하나님이 자기 문제를 해결해 주셨다고 말하면서, 하나님 앞에 다시 한 번 진정으로 헌신의 결단을 하였노라고 말했습니다. 그러나 내가 보

3. 천국에는 차별이 없습니다

기에는 그는 여전히 힘들어 하고 있었습니다. 분명히 사탄은 그의 육체의 연약함에 대해 그를 고소하고 있었고, 그의 육체적인 장애에 대해 그를 괴롭히고 있었습니다.

그러던 어느 날, 결국 이 무거운 죄책감과 좌절감은 한 젊은이의 생명을 앗아가고 말았습니다. 그는 고층 호텔 발코니에서 뛰어내려 죽음을 택하고 말았는데, 이 모든 것이 사탄으로 하여금 그의 연약함을 이용해 그를 좌절시키도록 허락했기 때문입니다.

하나님이 우리에게 힘 주시는 그 이상의 일은 우리가 할 수도 없고, 그 이상의 사람은 될 수도 없다는 것을 그 젊은 청년이 깨달아 알았더라면! 우리들 가운데 어느 누구도 우리의 삶 가운데 역사하시는 하나님의 성령을 떠나서는 아무런 가치도 이루어낼 수 없습니다. 그러므로 우리가 속 태울 필요도 없고, 우리 자신을 정죄할 필요도 없고, 우리의 실수와 잘못을 계속 꾸짖을 필요도 없습니다. 우리는 오직 우리의 연약함을 깨닫고 인정하며, 겸손하게 "주님, 저의 연약함을 잘 압니다. 주님의 도우심이 필요합니다. 이제 이 일을 주님께 드리오니, 제가 할 수 없는 일을 주님이 친히 해주시기를 원합니다!" 라고 말씀드려야 합니다. 그러면 그분이 하실 것입니다.

이곳에서는 누구든지 환영받습니다

그리스도의 몸인 교회는 아름다운 것입니다. 그 몸의 모든 지체는 다 중요합니다. 모두 입만 있다면 얼마나 쓸모 없고 이상한 몸일까요. 하나님은 나를 지체 중에서 입으로 만들어 주셨지만, 몸 전체가 입은 아닙니다. 몸의 다른 많은 지체가 입보다 훨씬 더 중요합니다. 여러 가지 다양한 삶을 사는 사람들이 각기 다른 환경과 배경을 가지고도 하나가 되어 함께 하나님을 섬기면서 그 본래의 기능과 역할을 다 하는 것을 볼 때, 그것이 얼마나 아름다운지요!

당신이 어디 출신이든, 지금 어디에 있든, 그리고 지금 무엇을 하고 있든 상관 없이 하나님은 당신 안에 있는 그분의 아들을 나타내기 원하십니다. 당신의 삶을 통해, 당신의 행동을 통해, 당신의 자세를 통해, 당신의 반응을 통해 예수 그리스도께서 밝게 빛나게 하십시오.

전에 우리는 교회에서 이런 찬송을 불렀습니다. "예수님의 아름다움이 내 안에서 나타나게 하소서. 주님의 신실하심과 정결하심이 내 안에 있게 하소서. 오! 주님! 당신의 성령으로 나의 성품을 새롭게 하소서. 예수님의 아름다움이 내 안에서 보일 때까지!" 이 찬송은 단지 아름다운 합창과 훌륭한 기도, 그 이상을 의미합니다. 그것이 우리 각자의 마음의 소원이어야 합니다.

다윗이 기도한 것처럼 말입니다. 오 주님, 당신의 아름다움을 내 안에 보여 주소서. "내가 깰 때에 주의 모습에 만족하리이다" (시편 17:15).

잘난 사람과 못난 사람, 강한 사람과 약한 사람, 명민한 사람과 아둔한 사람, 등 우리 모두는 성령에 의해서 예수님의 형상으로 변해 가고 있습니다. 우리는 모두 함께 그분의 은혜의 대상입니다. 그리고 우리 모두 주의 형상 안에서 깨는 그 영광스러운 날에 다함께 만족할 것입니다.

그것말고 어떤 다른 방법이 있겠습니까?

4
은혜

은혜의 초상

이론적으로 은혜에 대해서 말하는 것과 그것이 어떻게 생겼는지 묘사하는 것은 전혀 다른 일입니다. 만약 "한 장의 그림이 천 마디 말의 가치가 있다면," 은혜는 어떤 그림일까요?

우리는 구약의 한 인물을 통해 전체 성경에서 은혜에 관한 가장 좋은 그림을 보게 될 것입니다. 이 인물은 신약 성경에 몇몇 기자들에 의해 언급되고 있습니다. 아브라함은 보편적으로 믿는 사람들의 조상으로 받아들여지고 있습니다. 그는 은혜가 무엇이며, 은혜가 무슨 일을 하는가에 대한 명확한 그림을 보여 줍니다.

로마서와 갈라디아서에서 바울은 믿음에 기초해서 하나님이 받아주신 사람의 대표적인 본보기로 아브라함까지 거슬러 올라갑니다. 그는 로마서 4장 3절에서 다음과 같이 말합니다. "성경 기록이 무어라 말하느냐? 아브라함이 하나님을 믿으매 그것을 그에게 의로 여기셨느니라 하느니라."

또한 사도 바울은 갈라디아서 3장 6절과 7절에서도 동일한 예를 사용하며 다음과 같이 기록했습니다.

> 이것은 곧 아브라함이 하나님을 믿으매 그것을 그에게 의로 여기셨느니라 함과 같으니라. 그런즉 너희는 믿음에 속한 자들 곧 그들이 아브라함의 자손인 줄 알지어다.

아브라함 이야기

창세기 15장에 따르면, 아브라함과 그의 아내 사라는 아기를 가질 수 없었습니다. 그런데 하나님은 그들의 씨를 통해 천하 만민이 복을 받을 것이라고 약속하셨습니다. 그것이 전혀 불가능한 일임에도 불구하고, 아브라함은 하나님을 신뢰했습니다. 창세기 15장 6절은 "아브라함이 주를 믿으니 그분께서 그것을 그에게 의로 여기시고"라고 말합니다.

그러나 해가 거듭 되어도 아기가 태어나지 않자, 아브라함과 사라는 하나님이 그분의 약속을 지키실 것인지 의심하기 시작했습니다. 그러던 어느 날, 사라는 자기 스스로 문제를 해결해 보려고 아브라함에게 자기의 여종인 하갈과 동침하여 아기를 가질 것을 제안했습니다. 그들은 그 아기를 그들의 친자식처럼 키우게 될 것이라고 생각했습니다. (대리모 출산이 우리가 생각하는 것처럼 현대에 개발된 것이 아니라는 사실이 얼마나 흥미로운지 모릅니다!) 하갈이 잉태하여 아들을 낳자 이름을 이스마엘이라 했습니다. 그러나 이 아이가 열 세 살이 되었을 때, 하나님은 아브라함에게 그분의 약속을 반복하셨습니다. 아브라함은 하나님이 자신과 사라 사이에 아들을 주신다는 것을 여전히 믿기가 어려웠습니다. 그래서 그는 하나님께, 생각은 좋으시지만 이스마엘이 이미 있으니, 이스마엘이나 복 주시는 것이 낫지 않겠느냐고 여쭈었습니다.

사라를 통해서 자식을 주신다는 하나님의 약속을 그토록 믿지 못하던 아브라함을 성경이 "믿는 모든 자들의 조상이 되어" (로마서 4:11)라고 묘사하는 것은 우리에게 얼마나 큰 격려가 되는지 모릅니다. 주께서 사라를 통해 아들을 주시겠다는 약속을 반복하시자, 그것이 도저히 믿어

4. 은혜의 초상

지지 않는 일이기에 사라는 웃었습니다. 여러 해가 지나서 하나님의 약속은 이루어졌고, 사라는 아들을 낳아 그 이름을 이삭이라 지었는데 그것은 '웃음' 을 의미합니다.

이삭이 자라면서 모든 관심이 약속의 아들인 이 아이에게 쏠리게 되자, 그의 형 이스마엘이 그를 시기하였습니다. 이삭이 젖을 떼는 날 연회를 배설한 자리에서 이스마엘이 이삭을 조롱했습니다. 사라가 이스마엘의 짓궂은 태도를 보고는, 아브라함에게 그와 그의 어머니 하갈을 내쫓을 것을 요구했습니다. 그리고 이스마엘이 그의 아들 이삭과 함께 기업을 얻지 못할 것이라고 주장했습니다.

아브라함은 뜻하지 않은 사건으로 근심이 되었지만, 하나님은 그분이 이스마엘을 돌보아 주실 것을 그에게 확신시켜 주셨습니다. 아브라함은 사라의 말대로 여종과 그녀의 아들을 내보내야 했습니다. 그들이 하나님의 약속된 복을 유업으로 받지 못한다는 것은 분명했습니다.

그림 그리기

바울은 믿음을 통한 은혜로 얻는 의에 대한 자신의 주장을 뒷받침하기 위해 독자들의 시선을 아브라함에게로 돌려 놓았습니다. 그는 아브라함의 이야기가 자기의 요점을 명확하게 보여 주는 풍유를 담고 있다고 말했습니다. 바울 시대의 랍비들은 전통적으로 모든 성경 말씀에 대해 근본적으로 두 가지 해석이 있음을 고수했습니다. 첫째는 '페샷' [peshat]이라는 본문의 평범하고 분명한 의미를 그대로 해석하는 것이고, 둘째는 각 구절의 숨은 뜻을 가리키는 '레메즈' [remez]라는 것입니다. 어떤 랍비들은 두 가지 추가적인 해석 유형들을 고집했는데, '데라쉬' [derash]는 풍유적인 의미들과 문자적이지 않은 모든 것이며, '소드' [sod, 비밀]는 한 가지 풍유적인 의미를 산출해 내는 것이었습니다. 서로 상충하는 이들 학파들의 약점은 평범한 사람들에게 성경의 메시지에 대해 혼동과 의심을 불러일으키게 한다는 것이었습니다.

나는 가장 좋은 중심점은 본문의 평범하고 분명한 의미라고 믿습니다. 하나님은 말씀하고 싶으신 바를 그대로 정확하게 말씀하실 수 있는 분입니다. 그런데 너무나 많은 사람들이 공상적인 영적 해석을 시도함으로써 성경의 명확한 가르침으로부터 벗어나곤 합니다. 한 번 생각해 봅시다. 지나치게 영적인 해석을 시도하다 보면, 천진 난만한 유아들의 동요인 "허버드 노파"(Old Mother Hubbard)의 가사를 가지고도 굉장한 설교를 만들어 낼 수 있습니다. 가련한 강아지에게 먹이를 주려고 찬장에 갔던 이 노파로부터 심오한 영적인 의미를 생각합니다. 노파를 삶의 황폐와 좌절과 허무의 늪에 빠진 비참한 인생으로 그릴 수 있습니다. 왜냐하면 그 찬장은 비어 있었기 때문입니다. 우리가 가진 모든 것이 바닥나는 그 날은 우리에게 얼마나 비극적인 날인지 모릅니다!

약간의 상상력만 동원하면 조그마한 흙덩이로부터 태산과 같은 교리를 만들어 낼 수 있습니다. 그렇기 때문에 일반적으로 성경 자체가 풍유의 근거를 제시하지 않으면, 풍유적인 해석은 피하는 것이 좋습니다. 그러나 다음의 경우에는 바울이 성령의 감동으로 아브라함의 삶으로부터 믿을 만한 풍유적인 적용을 이끌어 내고 있습니다.

> 기록된바, 아브라함에게 두 아들이 있었는데, 하나는 노예 여종에게서 났고 다른 하나는 자유로운 여자에게서 났다, 하였느니라. 그러나 노예 여자에게서 난 자는 육체를 따라 태어났고 자유로운 여자에게서 난 자는 약속으로 말미암았느니라. 그것들은 풍유니라. 이 여자들은 두 언약인데 하나는 시내 산에서 나와 종이 되게 하는 자니 곧 하갈이라. 이 하갈은 아라비아에 있는 시내 산이요, 지금 있는 예루살렘에 해당하는 곳으로 자기 그 아이들과 더불어 종노릇 하느니라. 그러나 위에 있는 예루살렘은 자유로운 자니 곧 우리 모두의 어머니라. 기록된바, 수태하지 못하는 자여, 너는 기뻐할지어다. 산고를 치르지 못하는 자여, 너는 소리 지르고 외칠지어다. 황폐한 자가 남편 있는 여자보다 더 많은 아이를 두느니라, 하였느니라. 형제들아, 이제 우리는 이삭과 같이 약속의 아이들이니라. 그러나 그때에 육체를 따라 태어난 자가 성령을 따라 태어난 자를 핍박한 것 같이 지금도 그러하도다. 그럼에도 불구하고 성경 기록이 무어라 말하느냐? 노예 여자와 그녀의 아들을 내쫓으라. 노예 여자의 아들이 자유로운 여자의 아들과 함께 상속자가 되지 못하리라, 하느니라. 그런즉 형제들아, 이처럼 우리는 노예 여자의 아이가 아니요 자유로운 자의 아이니라(갈라디아서 4:22-31).

4. 은혜의 초상

아브라함의 이야기의 의미

바울은 우리에게 이 사건들이 순수하게 역사적인 의미에서 중요한 것이 아니라, 하나님의 복을 행위를 통해 유업으로 얻으려는 사람들의 무모함에 대한 예를 보여 준다고 말합니다. 하갈과 그의 아들은 율법을 지킴으로 하나님 앞에서 의로워지려는 사람들의 모습입니다. 아브라함과 사라가 하나님의 약속의 성취를 기다리지 못하고 절망했을 때, 그들은 그들 스스로의 노력으로 방향을 전환했고, 그것은 그들에게 비탄과 좌절만 가져다 주었습니다. 이스마엘은 육체의 소산이므로 그는 자기의 노력으로 복 받기를 추구하던 사람들의 모형입니다. 다른 한편으로, 이삭은 믿음으로 하나님의 복을 유업으로 받을 사람들을 대표하는 약속의 자녀입니다.

흥미롭게도 이스마엘이 이삭을 조롱했던 것처럼, 오늘날에도 율법 아래 있는 사람들이 믿음으로 살고자 하는 사람들을 조롱합니다. 바울은 유대주의자들의 압박 작전은 두 형제 사이의 갈등에서 예측할 수 있는 것이라고 말합니다. 이와 마찬가지로, 그 당시 의를 얻기 위해 율법에 집착하는 자들은 축출당해야 했습니다. 주후 70년 디도 장군이 이끄는 로마 군대에 의해 예루살렘이 파괴되었을 때, 이 풍유는 성취되었습니다. 믿음의 사람들을 핍박했던 자들은 문자 그대로 추방당했습니다.

바울은 율법주의자들의 비극적인 종말과 믿음의 자녀들의 놀랄 만한 장래를 대조합니다. 이사야서를 인용하면서 그는 다음과 같이 기록합니다.

> 수태하지 못하는 자여, 너는 기뻐할지어다. 산고를 치르지 못하는 자여, 너는 소리 지르고 외칠지어다. 황폐한 자가 남편 있는 여자보다 더 많은 아이를 두느니라(갈라디아서 4:27).

이것은 믿음의 결과로 왕국에 모여든 믿는 자들이 그들의 행위로 하나님께 가고자 했던 모든 사람들의 수보다 훨씬 더 많을 것이라는 뜻입니다. 바로 여기에서 그 풍유는 명확해집니다.

> 그런즉 형제들아, 이처럼 우리는 노예 여자의 아이가 아니요, 자유로운 자의 아이니라(갈라디아서 4:31).

그리스도께 속한 모든 사람은 하나님의 복을 상속받게 될 것입니다. 그리고 이는 그의 씨로 말미암아 천하 만민이 복을 받으리라는 약속이 성취된 것입니다.

우리는 아브라함의 씨인 예수 그리스도를 통해 복을 받았습니다. 하나님이 주시는 자유함과 약속과 복들은 예수 그리스도에 대한 믿음을 통해 하나님 앞에 의롭게 서기를 추구하는 모든 사람에게 속해 있습니다. 약속의 자녀요 하나님의 무조건적인 사랑을 받는 자로서, 우리들은 이제 그리스도와의 동행에서 놀라운 견고함을 누릴 수 있습니다.

한 찬송시가 이것을 매우 잘 표현했습니다. "주의 은혜로 대속하여서 피와 같이 붉은 죄 눈 같이 희겠네!" 우리가 하나님의 보좌 앞에 설 때, 우리는 그리스도께서 우리를 위해 하신 일 때문에 놀라게 될 것입니다. 하나님의 약속의 위대한 능력을 보며 우리는 아무도 "나 자신의 신실함과 단호한 노력으로 이 영광을 얻게 되었다"고 말하지 못할 것입니다. 대신에 우리는 머리를 숙이고 기쁨에 넘쳐 다음과 같이 말할 것입니다. "예수님, 감사합니다. 주님이 다 하셨어요! 주님이 저를 구원해 주실 줄 알았어요. 저의 선한 행위로는 절대로 저 자신을 구원할 수 없다는 것을 알고 있었어요. 주님, 감사합니다!"

중요한 질문

아브라함의 믿음이 그러했습니다. 그런데 중요한 질문이 하나 있습니다. 언제 하나님이 그를 의롭다고 선포하셨습니까? 할례를 받은 후였습니까, 아니면 할례 받기 전이었습니까? 갈라디아의 거짓 선생들은 "할례 받지 않으면 의로워질 수 없다"고 했습니다. 그들은 구원을 받기 위해서는 의식이 필수적이라고 주장했습니다.

4. 은혜의 초상

그렇다면 하나님이 아브라함의 믿음 때문에 그를 의롭다고 하신 것은 언제입니까? 할례의 규례를 받기 전인가요, 후인가요? 할례 받기 전이었지 후가 아닙니다! 이 의식에 대해 전혀 알기도 전에 아브라함은 의롭다 여김을 받았습니다. 그가 의롭다 여김을 받은 것은 창세기 15장에 나오는데, 할례 의식은 두 장이 더 지날 때까지 나오지 않습니다. 그가 하나님을 믿고 신뢰하는 순간 아브라함은 의롭다 여김을 받았습니다.

여러분과 나도 마찬가지입니다. 우리가 예수 그리스도를 믿고 신뢰하는 순간, 하나님은 우리를 의롭다 여기시는 것입니다. 우리가 한 일이나 할 일을 근거로 우리를 의롭다 하신 것이 아니라, 단순히 예수 그리스도를 믿는 믿음 때문에 의롭다 하신 것입니다.

그리스도는 천국의 주인이고, 하나님의 아들이며, 나의 개인적인 구주시므로 나는 그분을 신뢰할 것입니다. 내가 이렇게 할 때, 하나님은 나를 "의롭다!"고 말씀하십니다. 어느 날 어떤 사람이 예수님께 다음과 같이 질문했습니다. "우리가 어떻게 하여야 하나님의 일들을 하리이까? 하매," 그 때 예수님은 이렇게 답변하셨습니다.

> 너희가 하나님께서 보내신 이를 믿는 것 이것이 곧 하나님의 일이니라, 하시니라 (요한복음 6:28,29).

당신이 하나님의 일을 하고 싶다면, 예수 그리스도를 믿으십시오. 그것이 하나님의 일입니다. 그것이 하나님이 요구하시는 것입니다.

참된 믿음은 어떤 것입니까?

야고보도 믿음의 그림으로 아브라함을 사용한 것은 흥미로운 일입니다. 그는 가만히 앉아만 있는 그리스도인이 움직이도록 하기 위해 그의 서신을 기록했습니다. 그의 특별한 관심은 행위 없는 믿음은 죽은 것임을 보여 주는 것입니다(야고보서 2:26 참조). 야고보서는 아브라함의 믿음이 그로 하여금 어떤 일을 행하게 했고, 그로 말미암아 하나님이 그의 믿음을 인정하셨다고 말합니다.

네가 보거니와 믿음이 그의 행위와 함께 일하고 행위로 믿음이 완전하게 되지 아니하였느냐? 이에, 아브라함이 하나님을 믿으니 그것을 그에게 의로 인정하셨느니라, 하시는 성경 기록이 성취되었고 그는 하나님의 친구라 불렸느니라(야고보서 2:22,23).

다시 말해서 참된 믿음은 말하는 것, 그 이상입니다. 참된 믿음에는 그에 합당한 행함이 따르기 마련입니다. 내가 어떤 것을 참으로 믿는다면, 나의 행위도 내가 믿는 것과 일치할 것입니다. 내가 어떤 것을 믿는다고 열정적으로 주장할지라도, 나의 행위가 내가 믿는다고 고백하는 믿음과 일치하지 않는다면, 나의 믿음은 의심받게 될 것입니다.

예를 들어, 내가 돌아오는 월요일에 어마어마한 증권 폭락이 있을 것이고, 화폐는 휴지 조각이 될 것이며, 은행은 다 문을 닫고 현금을 인출할 수 없게 될 것을 믿는다고 말하고서, 즉시로 은행에 가서 나의 모든 예금을 인출하지 않는다면, 내가 믿는다고 말한 사실을 내가 진정으로 믿지 않고 있다는 것을 말합니다.

우리의 행위는 우리의 믿음과 일치해야 합니다. 만약 그렇지 못하다면 그 믿음은 의심받을 수 있습니다. 아브라함은 이삭으로 난 자라야 그의 씨라 칭함을 받으리라는 하나님의 말씀을 진정으로 믿었기 때문에, 그의 아들을 산으로 데리고 가서 단 위에 올려 놓고 칼을 들 수 있었던 것입니다. 아브라함은 하나님이 이삭에게서 난 자라야 그의 씨라 칭함을 받으리라고 약속하신 것을 믿었고(그 때 이삭은 자식이 없었음), 또 이삭을 제물로 바침으로 하나님께 기꺼이 순종하기를 원했기 때문에 칼을 내리칠 준비가 되어 있었던 것입니다. 그는 필요하다면 하나님이 이삭을 죽은 자 가운데서 다시 살리실 것을 알고 있었습니다(히브리서 11:19 참조). 아브라함은 그만큼 하나님의 약속을 믿었던 것입니다.

그렇다면 우리는 하나님의 약속을 얼마나 믿습니까? 수 년 전에 추운 겨울 눈보라 속에서 기름이 떨어지자 이웃에게 가서 기름을 좀 꾸려했던 사람에 대한 이야기를 들었습니다. 이웃과의 사이에는 추위로 꽁꽁 얼어

4. 은혜의 초상

붙은 강이 있었습니다. 얼마나 두껍게 얼어붙었는지 모르기 때문에 그는 무릎을 꿇고 얼음 위에 엎드려 기면서 손을 뻗어 손가락 등으로 두드리며 얼음의 두께가 안전하면 조금씩 기어가고, 또 두드려 보고 안전하면 조금씩 기어가곤 했습니다. 곧 손가락 등에서는 피가 나기 시작했습니다. 이렇게 강을 건너 거의 건너편 둑에 다다랐을 때, 뒤에서 요란한 소리가 들렸습니다. 뒤돌아보니까 한 떼의 말들이 우뢰와 같은 요란한 소리를 내며 얼어붙은 강을 단숨에 건너는 것이었습니다.

우리 중에 어떤 사람들은, "나는 하나님의 약속을 믿습니다!" 라고 말하면서, 여전히 하나님의 약속이 우리를 지지해 줄 것인지를 알아보기 위해 두드려 보고 있습니다. 우리는 매우 조심스럽게 조금씩 나아갑니다. "하나님이 우리의 모든 필요를 채우시겠다고 약속하신 것 잘 알아요!" 우리는, "그렇지만 주님이 정말 그렇게 해주실지 모르겠어요. 공과금 낼 때가 됐는데, 주님이 나를 지켜 주실지 두드려 보고 있어요. 그분의 약속이 유효하기를 바라고 있는 것이지요!" 라고 말합니다. 이와는 대조적으로, 어떤 사람들은 하나님의 약속을 굳게 믿고 담대하게 앞으로 나아갑니다.

그들은 아무리 상황이 좋지 않을지라도 하나님은 약속을 꼭 지키신다는 것을 배워서 잘 알고 있습니다. 한 때는 그들도 얼음을 두드리는 사람들이었겠지요. 그러나 시간이 갈수록 그들은 하나님은 신실하신 분이라는 것을 깨달았습니다. 결국 그들의 믿음이 강해졌고, 그 믿음대로 행하기 시작했습니다. 우리 모두는 우리가 가지고 있는 믿음대로 행하며, 우리의 참된 믿음은 우리의 삶 속에서 증명됩니다.

아브라함의 믿음은 그의 행위로 증명되었습니다. 만일에 그가 거기 앉아서 하나님과 논쟁했다면, 그는 하나님을 진정으로 믿지 않았을 것입니다. 한 번 상상해 보십시오. "하나님, 이삭을 바칠 수 없습니다. 지금 무슨 말씀을 하시는 겁니까? 주님, 그는 제 아들입니다. 그를 통해서 천하 만민이 복을 받겠다고 약속하셨잖아요? 주님, 그렇게는 못하겠습니다." 많은 사람들이 말만 하는 것을 가지고 믿음이라고 생각합니다. 그러나 믿음은 말만 하는 것이 아닙니다. 믿음에는 행위가 따릅니다. 그것은 당신이 행하는 것에 의해 증명됩니다.

행함이 없는 믿음은 죽은 것임을 증명하기 위해서, 바울과 야고보는 구약에 있는 동일한 구절을 인용했습니다. 당신이 어떤 것을 믿는다고 하면서 그 믿음대로 살지 않는 것은 그 믿음이 참된 것이 아님을 보여 줍니다. 참된 믿음은 믿는다고 공언한 그 믿음과 조화를 이루는 행위 속에서 스스로를 증명해 냅니다. 아브라함은 하나님을 믿었고, 그 믿음은 그것과 조화를 이루는 행위 속에서 스스로를 증명해 냈습니다. 그렇기 때문에 하나님은 그의 믿음을 의로 여기신 것입니다.

아브라함은 그가 행한 일 때문에 의로운 것이 아니었습니다. 그는 그가 믿은 것 때문에 의로웠습니다. 그가 행한 것은 그가 믿은 것과 조화를 이루었습니다. 하나님은 그의 믿음을 보시고, 그의 믿음 때문에 그를 의롭다고 여기신 것입니다.

이제 그림이 그려졌습니까?
물론 이것이 우리의 행위가 항상 완전할 것이라는 뜻은 아닙니다. 예수 그리스도를 믿는 하나님의 자녀로서 우리는 영적인 전쟁 가운데 살고 있습니다. 우리의 영이 예수 그리스도 안에서 새로 태어났지만, 우리는 여전히 이 낡고 부패한 집, 우리의 육체 안에 살고 있습니다. 나의 부패한 집은 내게 많은 것을 강력하게 요구합니다. 어떤 때는 내가 정말로 하고 싶은 것을 하지 않기 위해 나의 육체와 싸우고 있는 내 자신을 발견합니다. 때때로 나의 활동과 행위가 예수 그리스도에 대한 나의 믿음과 반대될 때도 있습니다.

그러나 나는 그런 상황 속에서 살 수는 없습니다. 모든 사람이 그렇듯이

4. 은혜의 초상

나는 걸려서 넘어지고 쓰러지지만, 그 자리에 누워 있지는 않습니다. 성령께서 내가 그렇게 하도록 허락하지 않으십니다. 얼른 나를 일으켜 다시 세워 주십니다. 내가 걸려 넘어지거나 쓰러진다고 해서, 하나님은 생명책에서 나의 이름을 지워 버리시지 않습니다. 당신이 당신의 자녀에게 걸음마를 가르칠 때, 아이가 넘어진다고 해서 "나가! 이 못난 녀석! 그렇게 넘어지는 아이는 내 자식이 아니야! 필요 없어. 당장 나가!" 하며 야단치지 않잖아요. 오히려 넘어진 아이를 일으켜 세우며, "괜찮아, 괜찮아! 다시 한 번 해 보렴. 아빠에게 와! 그래! 그래! 잘 하네!"라고 하겠지요. 몇 번이고 다시 해 보라고 격려하지 않겠습니까?

당신은 하나님의 자녀입니다. 하나님은 당신이 그분과 함께 걷는 것을 도와주기를 원하십니다. 우리가 넘어지고 쓰러질 때, 그분이 우리를 쫓아내지 않으신다는 것을 아는 것은 큰 위로가 됩니다. 그분은 우리를 버리지 않으십니다. 그분은, "넘어졌으니까 넌 이제 더 이상 내 자식이 아니야!"라고 말씀하시지 않습니다. 오히려 우리를 일으켜 세워 주시면서, "괜찮아. 다시 한 번 해 보렴!"이라고 말씀하십니다.

누구든지 하나님에게서 난 자는 죄 가운데 살 수 없습니다. 계속해서 죄를 지으며 살 수 없다는 말이지요. 만약 우리가 그렇다면, 그것은 이미 이야기한 것처럼 우리가 믿지 않는다는 증거입니다. 아브라함은 하나님을 믿었고, 행함이 그의 믿음을 따랐습니다.

물론 아브라함이 그의 삶을 믿음으로 하나님께 드리고 나서 한 번도 믿음이 흔들린 적이 없다는 뜻은 아닙니다. 오히려 그것과는 거리가 멉니다. 아브라함의 믿음을 선언한 창세기 15장 6절의 앞뒤에는 그가 믿음 없이 행한 일들을 묘사하는 두 가지 사건들이 샌드위치를 싸듯이 앞뒤로 기록되어 있습니다. 창세기 12장과 20장에는 아브라함이 그를 안전하게 지켜 주시도록 하나님을 의지하기보다는, 자기 목숨을 구하기 위해 거짓말을 하려고 책략을 꾸미는 사건이 기록되어 있습니다. 아브라함도 역시 얼음판을 두드리는 사람이었을 수 있습니다. 그러나 그것이 그의 생애의 주된 특징은 아니었습니다. 그는 때때로 우리 모두처럼 믿음 없이 행했지만, 그 안에 주저앉아 살지는 않았습니다. 그는 성경이 그를 믿음의 사람이라고 부를 정도로 믿음으로 살았습니다. 아브라함의 믿음은 그로 하여금 그의 믿음을 실행에 옮기도록 했습니다.

그러나 하나님이 그의 의로움을 판정하신 것은 그의 행위에 의해서가 아니었습니다. 그의 의로움은 그의 믿음에 의해서 판정되었습니다. 우리도 마찬가지입니다. 우리의 믿음은 반드시 순종과 올바른 행위의 삶으로 이어져야 합니다. 그러나 이러한 올바른 행위와 순종의 삶이 하나님 앞에 바로 설 수 있는 의를 얻게 하는 것은 아닙니다. 예수 그리스도의 의가 믿음으로 우리에게 나누어진 것일 뿐입니다.

내가 하나님을 믿고 예수 그리스도를 신뢰한다는 사실 덕분에 나는 아브라함의 자손이 되었습니다. 그러므로 하나님이 아브라함에게 주신 약속과 언약의 복들은 내 것이기도 합니다.

이 은혜의 복음은 오래 전 아브라함의 삶에서 선포되었습니다. 그의 삶은 은혜가 무엇이고 어떤 일을 하는지를 잘 보여 주는 훌륭한 그림입니다. 그것은 루브르 박물관이나 프라도나 메트로폴리탄 미술관에 걸려 있는 어떤 그림보다도 훨씬 더 아름답습니다. 그것은 하나님을 온전히 믿고 신뢰한 한 죄인에 대한 하나님의 사랑을 가장 잘 그려 낸 그림입니다. 그리고 그 그림 중 가장 멋진 부분은 바로 "복 받은 자"라고 이마에 새겨진 우리의 모습이 그 그림 안에 있다는 사실입니다.

5
은혜

한 번에 한 걸음씩

수 년 전 친한 친구 하나가 식료품 가게를 돌며 배달 사업을 하고 있었습니다. 어느 날 한 작은 가게를 운영하던 사람의 아내를 만나 서로 농담을 주고 받기 시작했으며, 오래지 않아 그들은 정기적으로 만나 커피를 마시며 얘기를 나누는 사이가 되었습니다. 그들은 곧 서로를 사랑한다고 믿었고, 가족들을 떠나 동거에 들어갔습니다. 우리와 아주 친한 친구인 그의 아내가 우리에게 전화를 해서 기도를 부탁한 것이 그 때였습니다. 한편 그들이 나가던 교회의 목사님이 그를 찾아갔습니다. 그 목사님은 영구차에 실려 가는 그의 관을 환상으로 보았다고 하면서, 만일에 그 여자와의 관계를 청산하고 아내에게로 돌아가지 않으면, 그를 억지로 끌어내겠다고 말했습니다. 그러나 이러한 강압적인 시도는 오히려 그를 더 화나게 만들었고, 그의 부도덕한 결정에 더욱 마음을 굳히게 만들고 말았습니다. 그러자 그의 아내는 나에게 남편을 한 번 만나 줄 수 있는가를 물었습니다.

나는 그렇게 하기로 하고 그 친구를 방문했는데, 그는 좋지 않은 동네에서 누추한 차고를 개조한 아파트에 살고 있었습니다. 비좁고 지저분한 그의 집을 보았을 때, 나는 그가 얼마나 많은 것을 잃었는가에 충격을 받앉습니다. 그의 아내와 딸들은 아주 훌륭한 사람들이었고, 그의 집은 좋은 동네에 있었습니다. 이 친구는 빵 한 조각에 자신의 영혼을 팔아먹은 꼴이었습니다. 문을 열어 주는 그의 얼굴은 수치심으로 가득했습니다. 그는 매우 공손했으며 나에게 들어와 앉으라고 했습니다. 나는 나의 친구의 새로운 삶을 둘러보면서, '오, 하나님! 이 친구는 어떻게 이토록 적은 것을 위해 그토록 많은 것을 포기할 수 있단 말입니까?' 라는 생각이 들었습니다.

나는 이 친구를 사랑했기 때문에 마음이 아팠습니다. 그가 빠져 있는 상황을 지켜보는 나의 마음은 갈기갈기 찢어지는 듯했습니다. 나는 감정을 억누를 길이 없어 부끄럽게도 그저 울기 시작했습니다. 나는 너무 마음이 아프고 슬퍼서 그의 동거녀가 부엌에서 나와 앉았을 때에도, 내가 할 수 있는 것이라곤 우는 것밖에 없었습니다. 마침내 나는 너무 창피해서, "미안하네. 자네를 만나러 왔는데, 지금은 아무 말도 못 하겠네!" 라고 말하고는 일어나서 나왔습니다. 집으로 가면서 나 자신이 바보 같다는 생각이 들었습니다. 친한 친구의 아내가 남편을 만나 화해할 수 있도록 잘 설득해 달라고 했는데, 가서 울기만 하고 왔으니 말입니다.

다음 날 아침, 나는 전화를 받고 깜짝 놀랐습니다. 내 친구가 내가 방문하고 몇 시간 후 아내와 가족이 있는 집으로 돌아왔다는 것입니다.

하나님은 이렇게 망가진 관계를 기적적으로 치료하시기 위해 무엇을 사용하셨습니까? '내가 그대보다 거룩하다' 는 권위적인 자세는 절대로 아니었습니다. 하나님의 영이 내 속에 온유함과 상한 마음을 주셨고, 바로 그것이 기쁨의 화해를 이끌어 낸 것입니다. 나는 내가 크게 낭패한 줄로 생각했습니다. 그러나 오히려 이 일을 통해 나는 우리가 성령 안에서 걷기로 마음만 먹으면, 하나님은 우리가 생각지 않았던 놀라운 방법으로 강하게 역사하기를 기뻐하신다는 것을 발견하게 되었습니다.

5. 한 번에 한 걸음씩

성령 안에서 걷는 것은 놀랍게도 매우 실제적인 일입니다. 그것은 머리 위에 후광을 두르고 만면에 천사의 미소를 띠며 두둥실 떠다니는 것을 의미하지 않습니다. 우리는 영적인 마음을 가지고도 여전히 이 세상 일들에 대해서 사람들과 관계를 맺을 수 있습니다. 어떤 믿는 자들은 침투적인 세상 문화에 대해 너무 강하게 대응한 나머지 친구들과 친척들, 그리고 이웃들과 의사 소통할 능력을 잃기도 합니다. 성령 안에서 걷는 것은 우리를 현실 밖으로 데리고 나가지 않고, 오히려 현실 속에 살면서 최대의 효과를 가지고 우리의 역할을 다 하도록 해 줍니다.

관계부터 먼저

누군가는 이렇게 말했습니다. "중요한 것은 중요한 것을 중요하게 생각하는 것이다." 영적인 세계에서는 이것이 얼마나 옳은 말인지 모릅니다! 성령 안에서 걷는 것이 굉장히 실제적인 일이지만, 그것이 우리가 시작한 지점은 아니라는 사실을 명심해야 합니다. 관계는 항상 행위를 앞서 갑니다.

이 원리에 대한 훌륭한 예를 에베소서에서 찾아볼 수 있습니다. 앞의 세 장들은 모두 관계를 다룹니다. 그리고 4장에 들어가서야, "그러므로 주의 갇힌 자 된 내가 너희에게 간청하노니, 너희를 부르실 때에 허락하신 그 부르심에 합당하게 걷고" (1절)라고 말합니다. 관계가 먼저입니다. 왜냐하면 그것이 그 뒤를 따르는 모든 것의 기초가 되기 때문이지요.

만일 우리가 적절한 관계를 먼저 형성하지 않고 걷고자 한다면, 우리는 실패할 수밖에 없습니다. 걸으려면 먼저 균형을 잡아야 합니다. 이것은 물질 세계에서도 동일하게 적용됩니다. 어린 아이들이 걸음마를 시작하기 전에 그들은 앉아서 균형 잡는 법을 배워야 합니다. 그 다음에 서는 것을 익혀야 하고, 그런 다음 비틀거리며 몇 발자국을 떼다가 그 모든 과정을 지나고 나서야 비로소 걸을 수 있게 되지 않습니까?

에베소에서 바울은 우리에게 그리스도와 함께 앉는 것이 무엇을 뜻하는지 이해함으로써 우리가 하나님의 권능을 경험하기 시작할 것이고, 그로 인해 우리가 하나님을 기쁘시게 하는 방식으로 걷게 될 것이라고 말합니다. 구체적인 과정이 여기 있습니다. 먼저 우리는 하나님과 균형 잡힌 관계를 가져야 합니다. 그리고 나서야 우리는 걷기를 배울 수 있습니다.

한 때 우리는 모두 육체의 욕심을 따라 살았고, 육체와 마음이 원하는 것을 하며 하나님으로부터 버림받았던 사람들이었습니다. 그러나 하나님의 은혜가 우리의 삶을 변화시키셨고, 그 결과로 우리는 주님과의 즐거운 교제를 누리기 시작했습니다. 우리는 하나님의 영이 우리의 삶을 다스리도록 자리를 내어드리며 주님과의 깊은 교제를 계속 누리게 됩니다.

말한 대로 행하기

하나님과의 관계를 맺고 있다고 공언하며, 그리스도인이 쓰는 온갖 거룩한 말들과 구호를 내뱉으면서도 그들의 실질적인 면에서는 전혀 하나님과 함께 걷는 것 같지 않은 사람들이 많이 있습니다. '말한 대로 행하기'를 배우는 것은 매우 중요합니다. 우리의 삶이 우리가 받은 부르심과 복들, 그리고 하나님과의 새로운 관계에 대한 우리의 고백과 일관성이 있어야만 합니다.

문제는 어떻게 사느냐 하는 것입니다. 어떻게 세상의 풍속과 유혹에 떠내려가지 않느냐는 것이지요. 바울은 갈라디아서 5장 16절에서 이에 대한 해결책을 제시합니다.

> 그런즉 내가 이것을 말하노니 곧 성령 안에서 걸으라. 그리하면 너희가 육신의 욕심을 이루지 아니하리라.

여기에서 '걸으라'로 번역된 헬라어는 한 사람의 삶에 지배적인 특징을 나타낼 때 사용되는 용어입니다. 만일에 어떤 사람이 지독한 구두쇠로 평판이 높으면, 그 사람은 탐욕 가운데 '걷는' 사람으로 알려질 것입니다.

5. 한 번에 한 걸음씩

또 만일에 어떤 사람이 남을 걱정하고 도와주는 독특한 성품을 가졌다면, 그는 친절함 가운데 '걷는' 사람으로 알려질 것입니다.

성령 안에서 걷는 것은 성령이 우리의 삶을 온전히 다스리도록 자리를 내어드리는 것을 의미합니다. 우리는 매일매일 성령을 좇아 살 것인지, 아니면 육체의 욕구를 좇아 살 것인지를 선택해야 하는 기로에 서 있습니다. 우리의 마음은 어느 것이 우리를 다스리도록 할 것인지를 결정하는 전쟁터입니다.

하나님이 우리 인간의 마음을 컴퓨터처럼 작동하도록 만드셨다는 것을 기억하면 도움이 됩니다. 컴퓨터는 그 안에 프로그램화되어 있는 것만을 만들어 낼 수 있습니다. 이와 마찬가지로 우리의 마음도 날마다 프로그램화되고 있습니다. 만일에 육체로부터 무엇인가 입력되면, 우리의 삶은 육체를 따른 특성을 갖게 될 것입니다. 또 만일에 우리의 마음이 성령의 일들로 프로그램화되기 시작하면, 우리의 삶은 성령의 우선 사항들을 반영하기 시작할 것입니다.

우리의 최우선 순위가 육체의 쾌락을 추구하는 것이면서도, 뻔뻔스럽게 살아 있는 영적인 삶을 살고 있다고 고백하는 올무에 빠지기가 얼마나 쉬운지 모릅니다! 정말이지 우리의 타락한 본성은 우리를 지배할 수 있는 강한 힘이 있기 때문에, 우리의 삶에서 당면하는 가장 큰 문제들 가운데 하나라고 할 수 있습니다. 그렇다면 우리는 도저히 헤어날 수 없을 것 같은 육체의 속박으로부터 어떻게 자유함을 얻을 수 있을까요?

간단하면서도 의미 심장한 해답은 바로 이것입니다. 육체의 욕구와 싸우지 말고 영의 욕구를 강하게 하라! 어두움에 대항해서 싸우는 것이 아니라 전등을 켜는 것입니다.

이렇게 하기 위해서 우리는 먼저 우리의 본성에 영적인 면과 육체적인 면이 다 있음을 인정해야 합니다. 만약 우리가 성령 안에서 걸어야 한다면, 우리는 영적인 부분을 잘 먹여야 합니다. 우리의 본성 가운데 육체적인 부분을 잘 먹인다는 것이 무엇을 뜻하는지 우리는 잘 압니다. 내 몸을 먹이는 것을 잊어 버리면, 먹여야 한다고 알려 주는 것을 포착하기란 그렇게 어려운 일이 아닙니다.

전에 누군가 내게 사흘을 굶으면 시장기가 사라진다고 말했는데, 나는 그 정반대였습니다. 금식 삼일이 지나니까 내 마음은 상상할 수 있는 요리 중 가장 맛있는 요리를 떠올리기에 바빴습니다. 이것이 바로 나의 몸이 자기의 필요를 돌보라는 것을 강하게 일깨워 주는 방식입니다. 그러면 우리는 우리 몸을 먹이게 됩니다. 또 우리는 신체적으로 튼튼히 자라도록 운동도 하고 비타민도 먹습니다.

영적으로 강건해지는 데에도 비슷한 섭생이 필요합니다. 우리는 규칙적으로 생명의 떡인 하나님의 말씀을 먹어야 합니다.

말씀 섭취하기

말씀을 먹는 것이 종종 우리가 가장 나중에 하는 일이 되는 것은 얼마나 아이러니한 일인지 모릅니다. 우리는 "물론 하나님의 말씀을 보는 데 시간을 쓸 필요가 있지요. 그러나 지금은 시간이 없는 것 같아요"라고 말합니다. 이것은 본질적으로 영적인 금식을 하는 것과 같습니다. 우리의 영적인 부분은 종종 불규칙하게, 충동적으로, 그리고 불균형한 방식으로 먹습니다. '성경을 턱 열어 가지고 어떤 말씀이 눈에 들어오나 보자'는 식으로 성경을 읽다 보니, 하나님의 말씀을 규칙적이고 체계적으로 공부하는 것을 게을리하게 됩니다. 우리는 종종 꾸준한 성경 공부나 개인적인 성장의 습관을 가지고 있지 않습니다. 우리는 의무적으로 육체의 부분은 먹이지만, 영적인 필요를 채우는 일은 소홀히 합니다. 그 결과 영적인 사람은 쇠약해지고, 육체는 막강해지기 시작합니다.

5. 한 번에 한 걸음씩

만약 영적인 사람이 강건해지기를 원한다면, 영으로 심어야만 하는 것은 당연한 이치입니다. 육으로 심고서 어떻게든 영적 수확을 기대한다는 것은 있을 수 없는 일이지요. 성령 안에서 걷기 위해서는 영을 먹이기 시작해야 합니다. 그것은 하나님의 말씀을 점점 더 즐기는 것에 중점을 두어야 한다는 뜻입니다. 욥은 다음과 같이 말했습니다.

> 내게 필요한 음식보다 그분의 입의 말씀들을 더 귀히 여겼도다(욥기 23:12).

하나님의 말씀을 없어서는 안 될 꼭 필요한 것으로 보는 것이 중요합니다. 예수님은 그분의 말씀이 영이요 생명이라고 하셨습니다. 그러므로 우리가 성령 안에서 걸어야 한다면, 하나님의 말씀을 규칙적이고 체계적으로 취하는 시간을 갖는 것은 필수적입니다.

하나님과 교제하기

기도에 우선 순위를 두는 것은 성령 안에서 걷는 기쁨을 경험하는 데 또 하나의 필수적인 일입니다. 하나님과의 교제로 인한 흥분에 감격하노라면, 어느새 우리는 영적으로 강건해지는 우리 자신을 발견하게 됩니다. 우리는 우리가 하는 모든 일과 우리가 만나는 모든 상황 가운데서 하나님의 임재하심을 더욱 더 많이 의식하게 됩니다.

하나님의 임재하심을 의식하는 것은 더욱 충만하고 발전된 세계관에 대한 우리의 이해를 높여 줍니다. 우리에게 가장 절실한 것 중에 하나는 언제든지 우리와 함께 하시는 하나님의 임재를 더욱 많이 깨닫는 것이라고 나는 확신합니다. 사도행전 17장에 따르면, 바울이 아테네에서 에피쿠로스와 스토아 학파의 철학자들에게 말할 때, 그는 "이는 우리가 그분 안에서 살며 움직이며 존재하기 때문이라"(28절)고 선언했습니다.

하나님이 지속적으로 우리와 함께 계신다는 것을 깨달을 때 우리의 삶은 놀랍게 변화될 수 있습니다. 이러한 사실을 잊어버림으로 우리는 영적인 재앙을 불러들일 수 있습니다. 우리의 의식으로부터 하나님이 멀어지면 멀어질수록, 우리는 타락한 본성을 먹이고 즐겁게 하는 것들에 더욱 강하게 빠져들어 가게 됩니다. 우리가 걸려 넘어지고 쓰러질 때, 우리는 많은 외적인 요인으로 우리의 행동을 설명할 수도 있습니다. 하지만, 근본적인 문제는 우리 마음속에서 하나님의 임재하심을 지속적으로 의식하지 못한다는 데 있습니다. 성령 안에서 걷는 삶은 단순히 우리가 매일의 삶 안에서 의도적으로 하나님을 우리의 지속적인 삶의 동반자로 모시는 것을 뜻합니다.

우리가 하나님의 임재하심을 지속적으로 의식하면서 성령 안에서 걸으면, 다른 사람들이 우리에게 더 이상 그리스도인답게 살라고 잔소리하거나 설교할 필요가 없습니다. 우리의 마음 맨 앞에 하나님이 가까이 계신다는 생각과 그분의 사랑을 간직한다면, 우리의 삶에 혁명이 일어나게 될 것입니다.

괴로움이 기쁨으로
성령님이 우리의 삶을 다스리도록 해 드리면, 심지어 가장 세상적인 일들을 생각하는 방법까지도 철저히 바뀝니다. 우리의 외적인 상황들은 동일하게 남아 있을지라도, 우리의 자세는 총체적인 변화를 겪게 되어, 과거에는 우리를 괴롭히던 일들에서도 우리는 기쁨을 발견할 수 있게 됩니다.

우리 모두는 정말로 하기 싫어 하는 일들을 가지고 있습니다. 하기 싫은 일이라고 해서 하지 않으면, 그것이 오히려 더 어려운 상황을 불러올 수 있다는 것을 알면서도, 우리는 고생스러운 일은 가급적 피하고 보자는 방법을 취하게 됩니다.

나는 쓰레기 내놓는 일을 가장 싫어합니다. 그러나 내가 그것을 하지 않으면, 곧 악취가 현관까지 차오를 것입니다. 그렇기 때문에 나는 이를 악물고 그 일을 합니다. 쓰레기를 내놓는 것보다는 초코렛 칩이나 아이스크림을 먹는 것이 훨씬 즐겁지요. 그러나 내 의무를 게을리하면, 곧 쓰레

5. 한 번에 한 걸음씩

기 썩는 악취가 초코렛 칩과 섞여서, 갑자기 아이스크림 먹고 싶은 생각마저 사라지게 합니다.

이러한 자질구레한 집안 일만큼이나 일상적인 일에서조차 내게는 선택권이 있습니다. 쓰레기 내놓는 것이 얼마나 싫은지에 대해 투덜거리고만 있을 수도 있고, 아니면 이 일을 하는 시간을 하나님과 교제하는 시간으로 생각하고 일어설 수도 있습니다. 쓰레기통을 들고 나가면서 휘파람으로 감사와 사랑의 찬송을 부르면서 하나님을 예배할 수 있다는 말입니다. 내가 하나님께 가까이 가면 갈수록 쓰레기에 대해서는 더 적게 생각하고, 하나님의 은혜에 대해서는 더 많이 생각하는 나 자신을 발견하게 됩니다. 만약 내가 내 마음을 성령의 일에 맞추어 놓으면, 가장 하기 싫은 일을 하면서도 유쾌한 마음으로 할 수 있고 전혀 괴롭지가 않습니다.

또 다른 예로 기다리는 것을 생각해 봅시다. 바빠 죽겠는데 빨간 신호에 걸려 모든 신호들이 천천히 다 지나고 파란불이 나올 때까지 신호등 앞에서 기다리고 앉아 있는 것보다 더 괴로운 일은 없을 것입니다.

그러나 나는 그렇게 조급해 하느니 차라리 옆 좌석에 성경을 가지고 다니는 습관을 들이기로 했습니다. 빨간 신호등 앞에서 기다려야 할 것 같으면 나는 성경을 펴서 읽습니다. 그 다음에 내가 당하는 일은 뒤차가 빵빵거리는 것이지요. 성경 말씀을 읽으면 왜 그렇게 시간이 빨리 가는지 모르겠습니다!

하나님과 깊은 교제를 나누는 것이 무엇을 뜻하는지를 배우고 나면, 성령 안에서 걷는 일은 신나고 즐거운 일이 됩니다. 우리는 우리 마음속에 있는 하나님의 임재하심으로부터 그분의 창조의 놀라운 일들까지 하나님의 일들에 더욱 더 초점을 맞추게 됩니다.

누가 이끌어 갑니까?

걷는 것은 움직임을 나타냅니다. 우리가 걸을 때 한 장소에서 다른 장소로 옮겨 갑니다. 어느 한 위치에서 출발하여 다른 위치에 도달하는 것입니다. 우리의 종착점은 우리가 선택하는 방향에 달려 있습니다.

이와 유사하게, 성령 안에서 걷는 것은 우리를 한 영적인 장소로부터 다른 영적인 장소로 옮겨 가게 합니다. 우리가 성령의 음성에 귀를 기울이며 그분이 지시하는 방향으로 행하면, 우리는 영적인 성숙의 어느 수준에서 다음 수준으로 옮겨 가게 됩니다. 그러나 우리는 종종 여기서 어려움에 처하기도 합니다.

어떤 생각이나 하고 싶은 것들이 우리의 의식에 떠오를 때, 이러한 생각이 하나님께로부터 온 것인지를 우리는 어떻게 알 수 있을까요? 성경은 하나님이 그분의 법을 우리의 마음 판에 기록하신다고 말합니다(예레미야 31:33과 고린도후서 3:3 참조). 하나님이 나의 영 안에 어떤 생각을 심어 주시면 나의 영은 그것을 내 마음에 전달합니다. 이것은 일반적으로 하나의 생각, 어떤 관념, 혹은 영감의 순간으로 인식됩니다. 하나님은 우리의 삶을 향한 그분의 뜻을 전달하는 수단으로서 우리에게 소원을 주십니다.

불행하게도, 우리에게는 타락한 본성으로부터 오는 소원도 있습니다. 우리의 육체도 매우 강렬한 생각들과 하고 싶은 것들을 우리 마음속에 불어넣을 수 있습니다. 그래서 때때로 어떤 생각이 하나님께로부터 온 것인지, 아니면 내 육체로부터 온 것인지를 분간하기 어려울 때가 있습니다.

나는 얼마 전, 캘리포니아 벤츄라(Ventura)에서 설교하기 위해 운전하고 가다가 딜레마에 빠진 적이 있습니다. 그 날은 날이 화창했는데, 나는 갑자기 지름길을 놔두고 돌아서 경치가 아름다운 퍼시픽 코스트 하이웨이(Pacific Coast Highway)로 가고 싶은 생각이 들었습니다. 그

5. 한 번에 한 걸음씩

런데 파도를 바라보며 시원한 바다 바람을 맞으며 달리는 것이 왠지 조금 사치스러운 것으로 느껴져서, 이것이 나의 육체로부터 온 것은 아닌가 의심스러웠습니다. 하지만 어쨌든 한 번 즐기기로 마음을 먹고 출발했습니다.

그런데 상황이 전개되면서 나는 코스트 하이웨이로 가는 것이 나를 위한 하나님의 계획이었음을 알게 되었습니다. 말리부(Malibu) 근처를 달리고 있을 때, 히치하이커(hitchhiker: 자동차 편승 여행자-편집자 주) 두 사람이 도로변에서 태워 달라고 손을 흔들고 서 있었는데, 나는 태워 주고 싶은 강렬한 마음이 들어서, 차를 세운 후 그들과 함께 가게 되었습니다. 북쪽으로 계속 여행을 하면서 나는 이 두 사람에게 복음을 전할 기회를 얻게 되었습니다.

그들은 벤츄라에 사는 사람들이었는데, 이를 계기로 그 다음 날 밤 내가 설교하는 교회 모임에 참석했습니다. 그날 밤 그들은 그리스도에 대한 그들의 믿음을 공중 앞에서 고백하고 주님을 영접했습니다. 그리고는 그 교회의 독실한 교인이 되었습니다. 모든 일이 다 벌어진 후에야 나는 뒤돌아보면서 이렇게 생각했습니다. '와! 정말 멋져. 바로 하나님이 나를 인도하셨구나. 코스트 하이웨이로 돌아서 가고 싶은 마음은 하나님께로부터 온 것이었구나.'

그래도 여전히 하나님이 우리 마음에 말씀하시는 때를 분간하기 어려울 때가 종종 있습니다. 우리는 하나님이 신비한 방법이나 극적인 방법으로 우리를 인도하실 것이라는 잘못된 생각을 가지고 있습니다. 우리는 하나님이 우리에게 말씀하실 때는 땅이 진동하고, 불빛이 희미해지며, 머리가 뻣뻣이 서게 될 것이라고 생각합니다. 그러나 하나님은 내게 그러한 방식으로 말씀하신 적이 한 번도 없습니다. 하나님이 나에게 말씀하실 때, 그분은 나의 영에게 말씀하십니다. 그러면 나의 영은 매우 자연스럽게 그 메시지를 나의 의식에 전달하기 때문에 이것이 진정한 하나님의 음성인지 즉시 분간하기가 어렵습니다.

하나님의 음성을 알아낼 수 있는 공식이나 간단한 테스트 방법이 있다면, 가르쳐 드리고 싶습니다. 그러나 그러한 절차가 있다 하더라도 나는 아직 발견하지 못했습니다. 나도 당신과 마찬가지로 육체의 음성으로부터 성령의 음성을 구별하는 데 상당한 어려움을 겪고 있습니다. 하나님으로부터 듣고 있는 것을 확신할 수 있는 간단 명료한 방법을 추천해 드리고 싶지만, 불행하게도 그것은 나의 능력 밖의 일입니다.

그러나 하나님은 우리를 혼란스러운 안개 속에 버려두시지 않습니다. 그분은 성령을 보내 주셔서 우리 마음속에 거하게 하셨습니다. 성령님은 어떤 특별한 상황 가운데서 우리를 인도하실 뿐만 아니라 하나님의 말씀이 나타내는 진리를 깨달을 수 있게 해 주십니다. 하나님은 절대로 이미 성경 말씀을 통해서 우리에게 선언하신 일과 상충되는 길로는 인도하지 않으십니다.

말씀 이해하기

예수님을 주님으로 받아들이지 않은 몇몇 사람들이 성경을 읽으려고 시도하다가 무참히 좌절하고 포기하는 것을 보게 됩니다. 그들은 성경 말씀이 수십 억의 삶에 미친 지대한 영향력과 서양 문명에 끼친 막강한 힘을 보고, 성경이 무엇을 말하는지 알고 싶어 합니다.

이 사람들은 한결같이 무지의 수렁에 빠져서 노하게 되고, 성경의 의미는 이들을 비켜 나갑니다. 이것은 우리에게 그렇게 놀라운 일은 아닙니다. 왜냐하면 성경 자체가 "본성에 속한 사람은 하나님의 영의 것들을 받아들이지 아니하나니 그것들이 그에게는 어리석은 것이니라. 또 그가 그것들을 알 수도 없나니 그것들은 영적으로 분별되느니라"(고린도전서 2:14)고 말하고 있기 때문입니다. 다른 한편으로, 영적인 사람은 비록 다른 사람들이 그를 이해하지 못할지라도 그는 모든 것을 이해합니

5. 한 번에 한 걸음씩

다. 왜냐하면 우리는 그리스도를 통해서 하나님과 올바른 관계를 가지고 있으며, 그분의 성령이 진리를 우리 마음에 밝히 드러내 주시기 때문입니다. 하나님의 말씀은 우리에게 살아 있는 것이 되고, 이해할 수 있는 것이 됩니다.

이러한 계속되는 성령의 계시의 사역은 생명력이 있습니다. 나는 성경 한 장을 다 읽고도 아무 것도 얻지 못할 때가 종종 있습니다. 한 장을 다 읽고 나서, '지금 내가 도대체 뭘 읽은 거야?' 라고 스스로 반문합니다. 나는 이 때 읽기를 중단하고 이렇게 기도합니다. "주님, 분명히 이 장이 무언가 제게 말해 줄 것을 가지고 있습니다. 저의 이해력을 열어 주시고 주님의 영이 말씀을 통해서 저에게 일하도록 해 주세요!" 그리고 그 장을 다시 읽으면, 놀랍게도 말씀 속의 진리가 내 마음속으로 터져 들어옵니다.

우리 교회 갈보리 채플에서는 주일 예배 때 보통 시편을 교독합니다. 1부 예배 때 읽으면서 볼 수 없었던 진리들이 3부 예배 때 마음에 와 닿곤 합니다. 많은 구절들 중에 한 구절이 특별히 강하게 내 마음을 두드리기 시작하지요. 모든 진리 가운데로 인도함을 받는 이러한 경험은 성령 안에서 걷는 것이 무엇인지를 생생하게 보여 주는 일들 가운데 하나입니다.

부지런히 좇아가십시오!

우리는 육체, 즉 타락한 이 세상과 사탄 사이에서 영적인 성장을 방해하는 실제적인 장애물들에 부딪히게 됩니다. 그러나 성경 말씀은 우리에게 그리스도 예수님 안에서 하나님의 높은 부르심의 상을 받으려고 푯대를 향해 밀고 나아가라고 충고합니다(빌립보서 3:14 참조). 예수님은 "좁은 문으로 들어가기를 힘쓰라" (누가복음 13:24)고 말씀하셨습니다. '힘쓰라' 로 번역된 헬라어는 '아그모니조마이' [*agmonizomai*]이며, 이 단어로부터 영어 단어 '애거나이즈' (agonize: 몹시 고통하다, 혹은 번민하다-편집자 주)가 나오게 된 것입니다. 오해하지 마십시오. 성령 안에서 걷는 것은 그렇게 쉽지도 않고 저절로 되는 것도 아닙니다. 진정한 수고와 헌신으로 매 순간 집중하지 않으면 안 됩니다.

우리 각자가 매일 선택해야 하는 것이라고 해도 과언이 아닙니다. 우리가 성령 안에서 걷기를 선택할 때, 그에 따르는 결과는 시원할 정도로 아름답습니다. 우리는 하나님과의 깊고도 꾸준한 아름다운 교제를 누리게 될 것입니다. 사도 요한이 말한 것처럼 말입니다.

> 그분께서 빛 가운데 계신 것 같이 만일 우리가 빛 가운데 걸으면 우리가 서로 교제하고 또 그분의 아들 예수 그리스도의 피가 모든 죄에서 우리를 깨끗하게 하느니라(요한일서 1:7).

하나님과의 교제에서 특별히 신나는 것은 그것을 경험하면 할수록 더 원하게 된다는 것입니다. 하나님 아버지와의 친밀한 교제를 통해 얻는 평안과 만족을 개인적으로 경험하면 할수록, 그것 없이는 살 수 없다는 것을 알게 됩니다. 그분과의 교제 밖에 있는 우리 자신을 발견할 때, 우리 안에 있는 내적인 공허함이 우리를 기도와 말씀으로 불러들입니다.

우리가 성령 안에서 걸을 때, 우리는 하나님과의 친밀한 관계로부터 오는 엄청난 혜택을 누리기 시작합니다. 우리는 마음속에서 샘솟는 기쁨을 느낍니다. 일상 생활에서 괴로운 일을 만나더라도 우리는 휘파람을 불 수 있는데, 그것은 만신창이가 된 가운데서도 우리의 기쁨이 주님 안에 있기 때문에 그렇습니다. 평안함, 깊은 이해, 오래 참음, 친절함, 온유함 이 모두는 성령 안에서 걸을 때에 오는 것들입니다. 또한 육체의 끈질긴 소욕에 대처해서 싸울 수 있는 힘과 능력도 주어집니다. 우리는 갑자기 큰 그림을 볼 수 있게 되고, 우리의 타락한 본성에 현실적이고 합리적인 방식으로 대처할 수 있는 지혜를 발견할 수 있게 됩니다. 바울이 결론적으로 말한 것처럼 말입니다.

> 육신적으로 생각하는 것은 사망이요 영적으로 생각하는 것은 생명과 평안이니라(로마서 8:6).

어떻게 우리가 하나님이 우리에게 은혜로 거저 주신 이러한 영광스런 새

5. 한 번에 한 걸음씩

삶을 향해 온 마음으로 달려가지 않을 수 있겠습니까? 성령의 능력이 넘치는 삶, 기쁨과 사랑과 평안이 가득한, 이러한 삶이 바로 우리가 그렇게도 소원하던 것입니다.

그러나 이러한 복을 받기 위해서는 우리는 성령 안에서 걷기를 선택해야만 합니다. 우리는 하나님 앞에 나와 우리의 마음 가운데 기도와 하나님의 말씀 그리고 예수님과의 교제에 대한 소원을 주시도록 간구해야 합니다. 그럴 때, 우리는 우리가 가장 범하기 쉬운 죄들에 대한 엄청난 승리를 알게 될 것이며, 하나님의 영이 가장 특별한 방법으로 우리를 사용하실 수 있게 됩니다.

우리가 할 수 있는 것이라고는 엉엉 우는 것뿐일 때조차도 말입니다.

6
은혜

정원이지 공장이 아닙니다

'제품' 과 '과실' 사이의 엄청난 차이를 생각해 본 적이 있습니까? 제품은 압박감, 납품 기일, 그리고 지속적인 생산 요구 등을 갖춘 공장을 연상시킵니다. 그러나 과실은 평온하고 조용한 정원, 우리가 서로 간의 교제를 즐기는 동안 가서 머물며 먹고 마시고 즐길 수 있는 그런 곳을 연상케 합니다.

하나님은 상품을 찾아 공장으로 오시지 않는다는 사실을 깨닫는 것이 중요합니다. 그분은 나무에 열린 과실을 즐기기 위해 정원으로 오십니다. 은혜의 복음은 공장과 같은 행위의 삶의 중압감을 뒤로 하고, 하나님이 우리 삶의 정원에서 보기 원하시는 열매를 맺는 삶으로 우리를 초청합니다.

관계의 자연스러운 결과
갈라디아 3장 2절과 3절은 하나님을 기쁘시게 하는 삶을 살기 원하는 사람들에게 아주 중요한 구절입니다. 바울은 다음과 같이 말합니다.

> 내가 너희에게 다만 이것을 알고자 하노라. 너희가 율법의 행위로 성령을 받았느냐, 믿음에 관하여 들음으로 받았느냐? 너희가 그렇게 어리석으냐? 너희가 성령

척 스미스의 은혜

안에서 시작하였다가 이제는 육체로 완전해지고자 하느냐?

바울이 두 가지를 비교하고 있음에 주목하십시오. 믿음과 관련된 성령과 육체와 관련된 행위가 바로 그것들입니다.

행위의 영역으로 들어갈 때마다 우리는 육체를 다루게 되고, 성령의 영역에 들어갈 때마다 우리는 믿음을 다루게 됩니다. 행위와 육체가 연관되어 있는 것처럼, 성령과 믿음이 서로 연관되어 있습니다.

누군가는 이렇게 이야기합니다. "하지만 목사님, 우리가 주님을 위해 일을 해야지요!" 아닙니다. 우리가 일해서는 안 됩니다. 우리가 육체로 할 수 있는 것 가운데 하나님을 기쁘시게 할 만한 것은 하나도 없습니다. 다른 한편, 믿음은 언제나 열매를 만들어 냅니다.

만약 당신이 행위에 연루되어 있다면, 당신은 육체를 의지하고 있는 것입니다. 그러나 만약 당신이 예수 그리스도와 함께 믿음으로 걷고 있다면, 성령님이 당신의 삶 가운데서 열매를 만들어 내십니다. 열매는 당신이 만들어 내야 한다고 생각해서 만들어 내는 그런 것이 아닙니다. 열매는 관계로부터 저절로 나오는 자연적인 결과입니다.

복숭아 나무에 달린 먹음직스러운 과실을 보십시오. 그 복숭아들은 익으려고 애쓰면서 매일 몸부림치며 노력하지 않습니다. 그것들은 가만히 거기 붙어 있기만 하면 됩니다. 열매가 익는 것은 관계의 자연적인 산물입니다. 그것들이 나무에 붙어 있는 한, 달콤한 과실을 맺게 되는 것입니다.

우리 자신의 경험에 비추어 볼 때도 이것은 진리입니다. 우리가 참으로 그리스도 안에 거하면, 열매는 그 관계로부터 저절로 나옵니다. 나의 삶에 열매가 없다면, 관계부터 의심해 보고 점검해 보아야 합니다.

6. 정원이지 공장이 아닙니다

이것이 바로 바울이 우리에게 다음과 같이 말한 이유입니다.

> 너희가 믿음 안에 있는지 너희 자신을 살펴보고 너희 자신을 입증하라. 예수 그리스도께서 너희 안에 계신 줄을 너희가 스스로 알지 못하느냐? 그렇지 않으면 너희는 버림받은 자니라(고린도후서 13:5).

예수님은 양의 가죽을 쓴 이리와 같은 것이 있다고 말씀하셨습니다. 당신은 그리스도인처럼 보이고, 그리스도인처럼 행동하고, 그리스도인처럼 말할 수 있습니다. 동화 "빨간 모자"에 나오는 이리처럼 말입니다. "그런데 할머니, 이빨은 왜 그렇게 커요?" 당신은 양의 외적인 모양은 다 갖출 수 있습니다. 그러나 사실은 이리인 것입니다.

그러면 우리는 어떻게 양과 이리를 알아볼 수 있을까요? 예수님은 "너희가 그들의 열매로 그들을 알리라"(마태복음 7:20)고 하셨습니다.

우리는 어떤 열매를 맺을 것인지를 결정하기 위해 우리의 삶을 점검해 볼 필요가 있습니다. 만일 열매의 상태가 좋지 않다면, 우리의 관계에 문제가 있는 것입니다. 그것은 또한 우리의 믿음에 무엇인가 문제가 있다는 뜻입니다. 예수 그리스도에 대한 살아 있는 믿음의 관계는 반드시 열매를 맺습니다.

우리의 큰 실수

우리의 가장 큰 문제 가운데 하나는, 하나님은 우리가 무엇을 하느냐보다 우리가 누구이냐에 더 관심이 많으신 반면에, 우리는 우리가 누구인가보다는 우리가 무엇을 하느냐에 더 많은 관심을 둔다는 것입니다. 하나님은 열매를 찾으시는데, 우리는 제품을 만들어 내려고 애쓰는 것입니다.

슬프게도 우리는 오랫동안 다음과 같은 말을 들어 왔습니다. "당신은 주님을 위해 이런 일을 해야 합니다. 당신은 하나님을 위해 저 일을 해야 합니다." 우리는 언제나 하나님의 왕국을 위해 일하도록 채근과 압력을 받아 왔습니다. 그래서 우리는 목사님이나 위원회에서 하라고 요구하면 무조건 하나님을 위해 일하는 것이라며 그것을 시작합니다.

하나님은 우리를 축호 전도자로 부르시지 않았는데, 교회에서 그 일을 맡길 때가 있습니다. 내가 아는 어떤 사람은 모르는 사람의 집을 방문하려고 하면 몸이 굳어집니다. 그런 사람들은 어느 집 대문에 서서, "주님, 오늘 이 집에 아무도 없게 해 주세요" 라고 기도하게 되지요. 남의 집을 방문하는 것이 그들에게는 너무나 부자연스러운 일입니다. 그것은 강요된 수고이며 육체의 일이기 때문에 곧 원망만 남게 됩니다. 그들은 그 일을 꺼리며 일부러 꾸물거리게 됩니다. 그러면 전도 위원회 회장이 전화를 걸어서 "지난 화요일 축호 전도에 빠지셨더군요. 다음 화요일엔 빠지지 마시고 꼭 오셔야 합니다!" 라고 부담을 줍니다. 그러면 "네, 알겠습니다!" 라고 마지 못해 대답은 하지만, 이러한 악순환은 계속됩니다.

이런 식으로 우리는 우리에게 맞지 않는 틀에 우리 자신을 맞추도록 때로는 강요당합니다. 자신에게 맞지 않는 일을 억지로 강요당하다 보면, 하나님을 위해 일한다 하면서도 울화통이 터지고 화도 나게 됩니다. 그러나 하나님은 '그리스도인의 불평' 을 참지 못하십니다. 왜냐하면 그것은 하나님에 대한 불평이기 때문입니다. 나도 사람들이 나를 위해 한 일에 대해 불평하는 것을 듣기 싫습니다. 그것은 나를 어리석은 바보 멍청이처럼 느끼도록 만듭니다. 누가 그들에게 그 일을 해 달라고 요구했나요?

당신이 하기 싫은 일이 있거든 하지 마십시오. 밖에 나가 아량 있는 행위를 하고는 그것에 대해 불평하지 마십시오. 차라리 아무 것도 하지 않는 것이 훨씬 더 낫습니다.

그 일을 즐겨 하는 사람들에게 맡기십시오. 낯선 사람들과 이야기하기를 좋아하는 사람들이 있습니다. 그들은 집에 있으면 지루해 하지만 낯선 사람들에게 다가가 대화를 이끌어 내는 일은 좋아합니다. 그것은 그

6. 정원이지 공장이 아닙니다

들의 타고난 성격이지요. 그들에게는 그것이 자연스러운 일입니다. 이것이 바로 그 열쇠입니다.

어떤 것이 자연스러우면 그것은 바로 열매의 영역에 있는 일이며, 그것이 억지로 강요된 것이라면 그것은 바로 행위의 영역에 있는 일입니다. 하나님은 항상 우리가 부름 받은 일을 감당할 수 있도록 우리에게 필요한 것을 주시고 우리를 준비시켜 주십니다. 그러므로 우리는 그 일을 무리 없이 감당할 수 있는 것입니다.

많은 사람들이 남들이 다 하는 일을 자기는 할 수 없다고 해서 자신을 2등급 교인이라고 생각합니다. 그들은 우연히 다음과 같이 말하는 교인을 만나게 되지요. "할렐루야! 지난 주간에 제가 다섯 명을 전도했는데, 다섯 명 전부 예수님을 영접했지 뭐예요!" 이 때 전도의 은사를 받지 못한 사람은 다음과 같이 생각합니다. '나는 아주 형편 없는 교인이야. 나는 아무에게도 복음을 증거하지 못했으니, 나는 실패자야!' 그는 길거리에 나가서 지나가는 사람들을 붙들고 사영리를 아느냐고 물어 보지 않았기 때문에 죄책감을 느끼게 됩니다.

왜 어떤 사람들은 그토록 복음을 잘 전할까요? 왜냐하면 그들에게는 그것이 자연스러운 일이기 때문입니다. 하나님이 그 일을 위해 필요한 능력을 주시고 준비시켜 주셨기 때문이지요. 그리스도의 몸 안에 있는 지체가 다 입은 아닙니다. 그러나 그것 뒤에 있는 뇌가 없거나 발이 가야 할 곳으로 데리고 가지 않으면, 입은 제대로 그 역할을 감당할 수 없습니다. 우리는 죄책감을 느껴서는 안 됩니다. 왜냐하면 우리는 다른 사람과 동일한 사역과 유능함을 가지고 있지 않기 때문입니다. 그리스도의 몸은 하나의 단일체로 움직이며, 바로 하나님이 우리 각자를 그 몸의 각 위치에 알맞게 배치해 주신 분입니다.

하나님은 그분이 능력을 주셔서 무리 없이 하게 하신 바로 그 일을 당신이 하기를 원하십니다. 당신이 그리스도에 대한 당신의 믿음을 통해 예수 그리스도 안에 거할 때, 그리스도인의 삶의 열매는 당신에게서 자연스럽게 번성케 됩니다. 예수님은 "너희가 열매를 많이 맺으면 내 아버지께서 영광을 받으시나니" (요한복음 15:8)라고 말씀하셨습니다. 하나님은 당신을 통하여 과실을 많이 맺기를 원하십니다. 이러한 과실들은 오직 그리스도 안에 거함으로써 맺을 수 있으며, '그리스도 안에 거함' 이 우리 믿음의 올바른 위치입니다.

육적인 믿음과 같은 것은 안 됩니다

마태복음에 보면, 어느 날 많은 사람들이 예수님께 와서 자기들이 주님을 위해 행한 모든 일들을 말합니다. 그러나 예수님은 "내가 너희를 결코 알지 못하였노라" (마태복음 7:23)고 말씀하셨습니다. 주님은 육적인 일들은 인정하지 않으십니다. 한 번도 인정하신 적이 없습니다.

하나님이 아브라함에게 하신 말씀을 기억해 보십시오.

> 이제 네 아들 곧 네가 사랑하는 네 유일한 아들 이삭을 데리고 모리아 땅으로 가서 거기서 내가 네게 일러 주는 산들 가운데 하나에서 그를 번제 헌물로 드리라 (창세기 22:2).

아브라함에게는 이삭보다 열 네 살이나 나이가 많은 아들 이스마엘이 있었습니다. 그러나 하나님은, "네 아들, 네 유일한 아들 이삭" 이라고 말씀하셨습니다. 그것은 무슨 뜻입니까?

그것은 이스마엘이 육체의 일이었다는 것입니다. 그는 약속의 아들이 아니요, 믿음의 아들이 아니었습니다. 이스마엘은 육체의 산물이었습니다. 하나님은 이스마엘이 육의 일이었기 때문에 그를 인정하기를 원치 않으셨습니다. 하나님은 오직 성령의 일, 믿음의 아들, 이삭만을 인정하셨습니다. 그러므로 그분은 아브라함에게 "네 아들, 곧 네가 사랑하는 네 유일한 아들" 이라고 말씀하셨습니다.

6. 정원이지 공장이 아닙니다

하나님은 절대로 우리의 육체의 일을 인정하거나 그것에 대해 상을 주시지 않습니다. 다른 한편, 그분은 성령의 열매가 우리의 삶 가운데서 풍성히 맺히기를 간절히 원하십니다.

요한복음 15장은 믿는 자가 어떻게 과실을 맺는가에 대해 설명해 주고 있습니다. 예수님은 말씀하셨습니다.

> 내 안에 거하라. 나도 너희 안에 거하리라. 가지가 포도나무 안에 거하지 아니하면 스스로 열매를 맺을 수 없는 것같이 너희도 내 안에 거하지 아니하면 더 이상 열매를 맺을 수 없느니라(요한복음 15:4).

예수님은 우리가 행한 일에 중점을 두지 않으시고, 우리가 어떤 사람인가에 중점을 두십니다. 우리의 삶으로부터 나오는 것은 우리와 주님의 관계로부터 나오는 마땅한 결과입니다. 우리가 열매를 맺지 않으면서 주님과 참되고 올바른 관계를 가질 수는 없습니다. 만약에 열매가 없다면, 그분께서 "그들의 열매로 그들을 알리라" (마태복음 7:20)고 하셨으므로 우리는 우리와 예수님과의 관계를 다시 점검해 봐야 할 것입니다.

주제넘은 과일 검사관들

하나님은 그분의 영으로 당신의 삶에 놀라운 일을 행하셨습니다. 당신이 죄인이었을 때도 하나님은 당신을 사랑하셨습니다. 그리고는 당신이 믿음으로 하나님 앞에 나왔을 때, 그분은 당신이 저지른 모든 죄악으로부터 당신을 의롭게 해주셨습니다. 또한 하나님은 당신의 과거의 모든 죄의 기록도 깨끗케 하셨습니다. 과거의 죄를 너무 철저히 도말하셔서 마치 전혀 없었던 것처럼 만들어 주셨습니다. 이것이 바로 '의롭게 되다' 라는 말의 의미입니다.

당신이 믿음으로 예수 그리스도를 영접하는 순간, 하나님은 당신에 관한 모든 더러운 기록들을 끄집어내어 완전히 지워 버리셨습니다. 예수 그리스도를 구주와 주님으로 믿는 당신의 그 단순한 믿음 때문에 하나님은 당신의 과거로부터 당신을 의롭게 하셨습니다. 당신의 믿음 때문에 하나님은 예수님의 의를 당신의 평가서에 넣어 주신 것입니다. 당신과 그분과의 관계는 단순하게 믿음으로 시작됩니다.

이것이 바로 기초입니다. 그러나 웬일인지 우리는 자주 그것을 잊어 버립니다. 때때로 믿는 자들은 다른 믿는 자들을 비판하거나 결점을 들추어 냅니다. 그들은 이렇게 말하지요. "저들이 무슨 짓을 하고 있는지 아십니까? 이건 끔찍해요. 그리스도인이라고 하면서 그들은 이런 저런 일들을 하고 다닙니다. 그들은 그리스도인의 기준에 맞춰 살고 있지 않아요. 그들은 심지어 해수욕장에도 간답니다. 정말이지 흉측해요!"

지금 이 같은 믿는 자들이 하고 있는 것이 무엇입니까? 그들은 그들 자신을 재판관으로 세우고 있습니다. 그들은 주제넘은 과일 검사관이 된 것입니다. 그들은 다른 사람의 종의 질을 판단하고 있는 것이지요. 바울은 이에 대해 다음과 같이 기록했습니다.

> 다른 사람의 종을 판단하는 너는 누구냐? 그의 서거나 넘어짐이 그의 주인에게 달려 있은 즉(로마서 14:4).

만약 당신이 나를 섬기는 종이라면, 나는 당신이 하는 일을 판단할 수 있습니다. 이렇게 이야기할 수 있습니다. "너는 쓸모 없는 종이야. 왜 내가 널 데리고 있는지 모르겠어." 내 마음에 들지 않는 일을 할 때에 당신에게 이렇게도 말할 수 있습니다. "나는 너의 접시 닦는 방법이 마음에 들지 않아. 접시를 젖은 채 찬장 안에 넣고 있잖아. 나는 습기 있는 찬장에서 접시를 꺼내 사용하기 싫단 말이야. 그런 습한 찬장에는 병균이 자라거든. 그러니까 완전히 말린 다음에 넣도록 해!"

다른 한편, 나는 이렇게도 말할 수 있겠지요. "너는 정말 훌륭한 종이야. 해야 할 일을 정말 잘 해내고 있어. 너를 데리고 있는 것이 너무 좋아!" 각각의 경우에, 나는 당신의 일을 판단할 수 있는 사람인 것입니다.

6. 정원이지 공장이 아닙니다

그러나 주님 안에서는 사실 내가 당신의 주인이 아니기 때문에 당신에게 어떻게 섬기라고 지시할 수 없습니다. 당신은 당신의 주인 앞에 서야 하기 때문에 나는 당신의 일을 판단할 수 없는 것입니다. 나는 당신에게 "정말 형편 없는 종이로군!" 이라고 말할 수 없고, 당신이 하나님을 위하여 한 일을 판단할 권리도 없습니다. 왜냐하면 당신은 당신의 주인 되시는 분, 하나님 앞에서 당신이 서든지 넘어지든지 할 것이기 때문입니다. 바울은 "그의 서거나 넘어짐이 그의 주인에게 달려 있은즉" (로마서 14:4)이라고 말하고 있습니다.

다른 사람들이 어떻게 당신이 하나님을 기쁘시게 할 것인지를 이해하지 못한다 해도 염려하지 마십시오. 나는 하나님을 기쁘시게 하는 것이 사람을 기쁘게 하는 것보다 훨씬 더 쉽다는 것을 깨달았습니다. 모든 사람을 기쁘게 하려고 애쓰는 것은 쓸데 없는 노력입니다. 비록 당신이 그것을 잘 해낼지라도, 누군가는 당신의 흠을 잡을 것입니다. 왜냐하면 당신은 사람을 기쁘게 하는 사람이기 때문입니다. 모든 사람을 기쁘게 하는 것은 불가능합니다.

그런데 다행인 것은 우리가 모든 사람을 기쁘게 할 필요가 없다는 것입니다. 우리가 할 일은 하나님을 기쁘시게 하는 것입니다. 그렇다면 하나님을 기쁘시게 하기 위해서 우리는 무엇을 해야 할까요? 그저 그분을 믿고 신뢰하십시오. 우리의 모든 행위와 열정적인 활동으로 하나님을 기쁘시게 하는 것이 아닙니다. 그분을 믿고 신뢰할 때, 우리는 하나님을 기쁘시게 합니다. 이것이 바로 은혜의 복음입니다.

그것은 나의 기쁨입니다

믿음은 주님을 기쁘시게 하고, 믿음은 관계를 만들어 냅니다. 그리고 관계는 열매를 맺게 합니다. 나는 하루 종일 가만히 앉아서 순수하고 거룩하고 의롭게 미소지으며, 다정하게 사랑을 베풀고만 있지 않습니다. 나는 활동에 열중합니다. 그런데 이 활동들은 일이 아닙니다. 다음과 같이 말할 수 있다는 것은 참으로 멋진 일입니다. "저는 제가 하고 싶은 일을 하고 있어요. 사실 제가 하고 있는 이 일은 제가 너무나 좋아하는 일이거든요. 그것은 일도 아니고, 수고도 아니며, 그냥 제가 즐기는 어떤 것입니다."

수년 전 내가 교단에 속해 있는 교회를 섬길 때, 총회에 가서 친구들을 만나곤 했습니다. 함께 저녁 식사를 하는 시간에 나는 주님이 특별히 깨닫게 해주신 말씀에 대해 이야기를 시작합니다. 그러면 그들은 "어이, 스미스 목사, 여기까지 와서 성경 이야기야? 직업병이로구만!" 라고 하면서 화제를 바꾸려 합니다. 그러면 나는 "무슨 소리야, 직업병이라니? 이것은 내 삶이야! 이것말고는 얘기하고 싶은 것이 없어. 이것말고 더 신나는 이야기가 뭐가 있겠나!" 라고 응수합니다.

당신이 정말 하고 싶은 일을 하면, 그것은 일이 아닙니다. 당신은 가게에 있는 것이 아닙니다. 당신은 공장에서 노동을 하고 있는 것이 아닙니다. 당신의 활동은 관계의 열매입니다.

하나님의 사랑이 당신의 마음속에 가득 차면, 당신이 하고 싶은 일은 그분에 대해 이야기하는 것뿐입니다. 그분의 말씀, 그분의 선하심 그리고 그분의 사랑에 대해서 말입니다. 당신이 좋아하는 일을 하고 있기 때문에 당신은 실적을 올리기 위해 여기저기 돌아다니지 않습니다. 그것이 당신에게 자연스러운 일이기 때문에 당신은 그것에 대해 보상 받기를 기대하지 않습니다(비록 하나님은 당신의 삶에서 나오는 열매에 대해 보상해 주시겠지만). 당신이 그것을 하기 원하고, 그것을 하는 것이 당신에게 자연스러운 일이며, 또한 하나님이 그것을 당신의 마음 가운데 두셨기 때문에 당신은 그것을 하는 것입니다. 사실은 만일 당신이 그 일을 하지 않으면, 당신은 죽을 것처럼 느껴지기 때문에 그것을 하는 것입니다.

바울은 이렇게 말했습니다.

6. 정원이지 공장이 아닙니다

이는 그리스도의 사랑이 우리를 강권하기 때문이라(고린도후서 5:14).

만일 내가 복음을 선포하지 아니하면 참으로 내게 화가 있으리로다!(고린도전서 9:16).

나는 우리 모두가 이스라엘의 왕들에게 주님의 말씀을 선포하다가 구덩이에 갇혔던 예레미야와 같은 경험을 했을 것이라고 믿습니다. 그는 어두운 구덩이에 앉아서 이렇게 푸념했을 것입니다. "이제 끝났습니다. 하나님, 여기 사직서가 있습니다. 다시는 당신의 이름으로 말하라고 요구하지 마세요. 이젠 더 이상 하지 않겠습니다. 더 이상 제 마음 가운데 당신의 말씀을 두지 마십시오. 주님, 이제 저는 끝입니다. 저는 그만두었습니다. 아시죠? 이젠 끝났습니다. 저는 여호와의 이름으로 다시는 말하지 않을 것입니다. 당신이 저를 이 꼴로 만들어 구덩이에 던져 넣으시고 돌보아 주시지도 않는군요. 그러나 괜찮아요. 이제 저는 끝났으니까요" (예레미야 20:7,8).

예레미야는 속이 탔습니다. 그는 화가 나 있었습니다. 그러나 그는 곧 이렇게 고백했습니다.

> 그분의 말씀이 내 마음속에 타오르는 불 같아서 내 뼈 속에 사무치니 내가 참기에 지치고 가만히 있을 수 없었도다(예레미야 20:9).

그는 말하는 것외에는 아무 것도 할 수 없었습니다. 그는 말해야 했습니다. 그것이 마치 일인 것처럼 억지로 할 필요가 없었습니다. 사실상, 그는 말하지 않으려 애썼지만 어쨌든 말하고 말았습니다. 그것은 자연적인 것이었습니다. 그것은 그와 하나님과의 관계의 열매였습니다.

불평은 성령의 열매가 아닙니다

하나님은 공장을 운영하시는 것이 아니라 정원을 가꾸십니다. 그분은 당신의 일에 관심이 없으십니다. 그분은 당신의 열매를 즐기기 원하십니다. 그분은 당신이 육체를 의지하기를 원치 않으시고, 그분의 영을 의지하도록 당신을 부르십니다.

바울이 일깨워 준 것처럼, "우리는 성령 안에서 시작하였다가 육체로 완전해질 수 없습니다" (갈라디아서 3:3). 우리는 우리의 믿음에 행위를 더할 수 없으며, 그것으로 하나님과의 관계를 개선시킬 수도 없습니다. 비록 많은 사람들이 그렇게 노력하고 있지만 말입니다.

많은 사람들이 처음에는 주님을 믿고, 주님을 사랑하며, 주님을 섬기고, 주님과 함께 아름다운 시간을 보냄으로 시작합니다. 성령의 기쁨이 온통 그들의 것이지요. 그 때 어떤 형제들이 다가와 그들의 발을 걸어 넘어뜨리기 시작합니다. "형제여, 당신이 진짜 그리스도인이라면, 이것을 할 필요가 있소. 어째서 당신들은 그런 일을 하고 있는 거요? 그러고도 당신들 자신을 그리스도인이라고 부르는 거요?" 그들은 여러 가지 무거운 의무와 준수 사항들을 쏟아 놓기 시작합니다. 그러면 예수 믿는 것이 고역이 되어 버립니다. 그것은 더 이상 자연스러운 것이 아니며 기쁨을 주지도 않습니다. 그것은 하기 싫은 일, 노동, 힘든 일이 되고 맙니다.

언제 우리가 이것을 확실히 깨닫게 될까요? 우리는 하나님이 우리에게 주신 의를 더 이상 개선할 수 없습니다. 행위를 기초로 맺어진 관계는 주님과의 관계로부터 오는 기쁨을 잃게 하는 고역으로 전락하고 맙니다. 갑자기 그것은 의무가 되고, 강제가 되고, 귀찮은 부담이 되고 말지요. 그러면 머지 않아 불평이 나오기 시작합니다. 우리의 삶에서 주님이 주시는 기쁨도 사라지고, 더 이상 자유함도 누릴 수 없으며, 속박의 멍에를 메고 하는 노동만 남는 것입니다. 우리는 다음과 같이 생각합니다. '아, 자기 전에 기도하고 자야 할 텐데. 안 하면 벌 받을 테고. 그런데 너무 피곤해. 정말 침대에서 나가기 싫구나. 기도해야 하는데 너무 추위!'

나는 하나님이 다음과 같이 말씀하실 것이라고 믿습니다. "애야, 조용히 하고 잠이나 자라! 그런 마음을 가지고 날 찾지 마라! 그런데 도대체 누가 너보고 자기 전에 나를 꼭 찾으라고 하든?"

6. 정원이지 공장이 아닙니다

당신은 아마 이 교훈에 정통했어야 할 사람이 있다면, 그들은 바로 복음 사역자들이라고 생각할 것입니다. 그러나 어떤 이들은 육체의 일을 가지고 영의 일을 하고 있다고 우리들로 하여금 믿게 하려 합니다. 그들은 그들이 하고 있는 그와 같은 사역을 하기 위해 그들이 얼마나 큰 헌신을 해야 하며, 그들이 가지고 있는 그러한 능력을 받기 위해 얼마나 큰 개인적인 희생이 따르는지 장황하게 설명할 것입니다. 그들은 그들의 결단과 금식과 헌신에 대해 말할 것입니다. 그리고는 마치 그들의 행위가 일정한 수준의 영성을 가져다 주어, 마침내 하나님을 감동시켜 그분이 그들에게 능력을 부여해 주신 것처럼 그들의 모든 행위를 나열할 것입니다. 그리고 이러한 능력을 하나님이 아무에게나 부여하시지 않지만, 그들은 그것을 얻어 냈다고 말할 것입니다. 종종 그들은 다음과 같이 말합니다. "저는 다른 방에 들어가 문을 닫고, '하나님, 그 능력을 얻을 때까지 이 방을 나가지 않겠습니다' 라고 하면서 매달렸습니다. 그리고는 그 능력을 받을 때까지 그 방에 머물며 금식하고 기도했지요." 마치 그들의 의가 하나님의 호의를 얻어 낸 것처럼 말입니다. 그러나 그렇지 않습니다. 그것은 단지 행위였을 뿐입니다. 하나님은 결코 육체의 행위를 존중하시거나 인정하시지 않습니다.

바울은 다음과 같이 말했습니다.

> 너희가 그토록 많은 것들로 헛되이 고난을 당하였느냐, 과연 그 일이 헛되냐? 그런즉 너희에게 성령을 제공해 주시고 너희 가운데서 기적들을 행하시는 그분께서 그것을 율법의 행위로 하시느냐, 믿음에 관하여 들음으로 하시느냐?(갈라디아서 3:4,5)

참된 사역자는 모든 영광을 주님께 돌립니다. 예수님은 이렇게 말씀하셨습니다.

> 이와 같이 너희 빛을 사람들 앞에 비추어 그들이 너희의 선한 행위를 보고 하늘에 계신 너희 아버지께 영광을 돌리게 하라(마태복음 5:16).

우리는 모두 초청받았습니다

하나님의 사역이 우리의 의 때문에 잘 진행되는 것은 아닙니다. 그것은 믿음을 통한 은혜로 말미암아 되어집니다. 그것은 우리들 어느 누구라도 그것을 할 수 있다는 말입니다. 그것을 위해 기름부음을 받을 필요가 없다는 말입니다.

야고보는 엘리야가 우리와 같이 동일한 성정의 지배를 받는 사람이라고 말했습니다(야고보서 5:17 참조). 그는 낙심하기도 했고, 속상해 하기도 했고, 화를 내기도 했고, 혈기를 부리기도 했다는 말입니다. 그럼에도 불구하고, 그가 기도하니까 삼 년 반 동안이나 비가 오지 않았습니다. 엘리야는 유별나게 고상하고 거룩한 그런 선지자가 아니었습니다. 특별히 신비의 비법을 지닌 사람도 아니었습니다. 그는 우리와 같은 감정을 가지고 우리와 같이 낙심하기도 하는 우리와 똑같은 사람이었습니다. 그러나 하나님은 그의 믿음 때문에 그의 기도를 들어주셨습니다.

당신도 그와 똑같은 가능성을 가지고 있습니다. 거기에 필요한 것은 하나님을 믿고 신뢰하는 것뿐입니다.

당신은 성령으로 시작하였으므로 반드시 성령으로 계속해 나가야 합니다. 믿음으로 시작하였으므로 반드시 믿음으로 계속해야 합니다. 행위로 전락하지 마십시오. 당신의 그리스도인으로서 삶을 재미없는 것으로 만들지 마십시오. 공장 노동자가 되지 말고, 당신의 삶을 하나님이 오셔서 당신이 믿음으로 그리스도 안에서 맺고 있는 열매들을 즐기실 수 있는 정원이 되게 하십시오.

7
은혜

믿음으로 받는 복

잘못된 일인데도 좀처럼 사라지지 않는 것들이 있습니다. 2천여 년 전에 갈라디아 교회를 실족케 했던 잘못된 일을 생각해 보십시오. 어떻게 된 일인지 그 잘못은 지금도 여전히 막강하게 행해지고 있습니다. 바울이 그것에 대해 가르쳤음에도 불구하고, 오늘날까지도 많은 성경 교사들이 율법의 행위로 성령을 받을 수 있다는 생각을 열심히 가르치고 있습니다. 하나님의 복과 능력의 충만함을 경험하는 데 가장 큰 장애물 가운데 하나인 이런 잘못된 교리를 교회에서 가르치고 있으니, 이 얼마나 비극적인 일입니까! 우리는 우리의 삶에 성령이 오시기를 원한다면, 우리의 행동부터 깨끗하게 하여야 한다고 배웁니다. 복을 받을 자격이 있기 위해서는 우리의 삶에 자그마한 불결한 것이라도 샅샅이 찾아서 모두 버려야 한다는 것이지요.

이러한 가르침이 매우 진지한 것임에도 불구하고, 그것은 매우 잘못된 것입니다. 이러한 가르침의 요점은 우리 자신의 행위와 노력으로 우리가 의로워져야만 비로소 하나님이 내려오셔서 우리를 만나 주신다는 것이지요. 나로 하여금 수년 동안 하나님의 복을 받지 못하게 한 것도 바로 이 잘못된 가르침이었습니다.

척 스미스의 은혜

신실했지만 좌절뿐이었습니다

어릴 때부터 오순절 계통의 교회에서 자라면서 나는 '성령 세례' (baptism of the Holy Spirit: '세례'로 번역된 baptism은 헬라어 *baptizw*에서, *baptizw*는 *baptw*에서 유래되었다. *baptw*의 뜻은 '물에 담그다', '물들이다'이며, 여기에서 유래한 *baptizw*는 물에 잠기는 행위, 즉 침례를 말한다. 여기에서 영어 동사 baptize와 명사 baptism이 나왔다. 이것이 한글로는 '세례를 베풀다'와 '세례' 그리고 '침례를 베풀다'와 '침례'로 번역된 것이다-편집자 주)라는 것을 몹시 사모하였습니다. 나는 많은 '성령 집회'에도 참석했고, 아버지를 따라 토요일 밤 남전도회 기도회에도 자주 갔습니다. 거기에서 나는 주님을 기다리며 그분의 능력으로 나의 삶을 채우기 위하여 간절히 기도하였습니다.

나는 주님을 몹시도 사랑했고, 내가 받을 수 있는 모든 하나님의 능력을 받기 원했습니다. 그러나 무엇인가 그 길을 막고 있었습니다. 여러 해 동안 나는 나의 숨은 죄가 나를 방해하고 있는 줄로 알았습니다. 그러나 그것은 내가 상상했던 그런 죄는 아니었습니다. 나의 문제는 정욕도 아니요, 욕심도 아니요, 모든 것을 앗아가 버리는 어떤 습관도 아니었습니다. 나의 문제는 스스로 의롭다고 여기는 것이었습니다.

어린 아이가 영적인 자부심과 싸우는 것이 이상하게 생각될지 모르지만, 나는 그런 아이였습니다. 나는 성경 말씀을 외웠고, 성경의 책들을 암송하고 정확하게 쓸 수도 있었습니다. 나는 영화관에 간 적도 없고, 담배도 피워 본 적이 없으며, 춤을 추러 가지도 않았습니다. 내가 다니던 교회에서 이런 것들이 다 죄라고 가르쳤기 때문에 나는 힘을 다해 이런 일은 하지 않으려고 노력했습니다.

나는 목사의 아들이 담배 꽁초를 주워서 피우는 것을 여러 번 보았지만, 나는 하지 않았습니다. 같은 교회의 친구들은 매주 토요일이면 조조할인 영화를 보러 갔지만, 나는 간 적이 없습니다. 나는 거룩해지고 싶

7. 믿음으로 받는 복

었거든요.

그런데 무엇이 그토록 끔찍하게 잘못되었을까요? 나의 친구들이 담배 꽁초를 피울 때조차 하나님은 그들에게 복을 주시는 것이었습니다! 나는 이렇게 생각했습니다. '주님, 저 아이들보다 제가 더 의로운 것 아시잖아요. 저는 그 아이들이 행한 나쁜 짓을 한 적이 없어요. 그런데 왜 제가 아니라 저들에게 복을 주시는 거죠?' 나는 심한 갈등을 겪었습니다.

나는 사람들이 자기들은 어떻게 성령을 받았는가에 대해 간증하는 것을 듣고 더 괴로웠습니다. 그들이 하나님을 찾으며 기다리고 있을 때, 주님이 그들의 주머니에 들은 담뱃갑을 보여 주셔서 그들은 주머니에서 담뱃갑을 꺼내 강단 위에 놓았고, 그 순간 하나님은 명백하게 그들을 성령으로 채워 주셨다는 것입니다.

아마도 나의 문제는 강단에 꺼내 놓을 담뱃갑이 내 주머니에 없었다는 것인지도 모릅니다. 그래서 나는 그 주간에 지은 죄들을 생각해 내면서, "주님, 이번 주에 제가 제 동생에게 화를 냈습니다. 주님, 화낸 것 제발 용서해 주세요!" 라고 기도했습니다. 그리고 나를 성령으로 채워 주시기를 기다렸습니다. 그러나 하나님은 그렇게 하시지 않았습니다.

나는 설교자들이 다음과 같이 설교하는 것을 셀 수 없이 들었습니다. "하나님은 더러운 그릇은 채워 주시지 않는다는 것을 잘 아시지요? 그분은 거룩한 영이십니다. 그러므로 여러분도 거룩한 그릇이 되어야 합니다." 그래서 나는 깨끗한 그릇이 되기 위해 최선을 다 했습니다. 내가 생각해 낼 수 있는 죄는 모두 다 고백했습니다(만약을 대비해 내가 짓지 않은 죄를 고백하기도 했습니다).

나는 나의 양심의 세세한 부분까지 반복해서 들추어 보곤 했습니다. 나는 하나님 앞에서 헌신을 다짐하고 다짐했습니다. 나는 내 생활에 의심스러운 활동들은 모두 그만두었고, 내가 좋아하던 소중한 것들도 포기했습니다. 하나님의 영이 나의 삶을 채우시기에 충분할 만큼 거룩하고 의로워지기 위해 모든 쓸데 없는 일은 다 한 셈이지요. 나는 좌절했고, 주님과 동행하는 것이 숨막히게 느껴졌습니다.

마침내 나는 간절한 마음으로, "좋습니다. 제가 중국에 선교사로 나가겠습니다. 당신의 성령으로 채워 주세요!" 라고 말했지만, 그분은 채워 주시지 않았습니다. 나는 중국, 아프리카, 남미, 그리고 인도까지도 가겠다고 주님께 약속을 했지만, 여전히 그분은 그렇게 하지 않으셨습니다.

이 모든 과정 내내 나는 나의 행위로 성령의 충만을 받으려고 총력을 기울였습니다. 내 나름대로 세워 놓은 기준을 지켜 의로워지려 했던 것입니다. 나는 율법의 행위로 성령을 받으려 했습니다. 나는 하나님에 의해 충만케 되고 그분의 은사를 받고자 간절히 원했으며, 내가 아는 모든 수단을 다 동원했습니다. 왜 나에게는 하나님이 결코 복을 주시지 않는가를 고민하며 많은 밤을 그분 앞에서 괴로워했습니다.

나는 하나님이 복을 주시기 전에 내가 어떤 경지에 도달해야 한다고 생각했고, 내가 그 경지에 도달하는 순간 성령께서 나를 채우실 것이라고 믿었습니다. 그러나 나는 내 주위에서 일어나는 일을 보고 혼란스러웠습니다. 실컷 제멋대로 살다가 갑자기 예수를 믿고는, 여전히 술 냄새와 담배 냄새를 풍기면서도 바로 그 자리 그 시간에 어떻게 성령 세례를 받을 수 있느냐는 것입니다. 그런데 그들은 그렇게 성령을 받았습니다.

그것은 공평하지 않았습니다. 나는 지금까지 줄곧 주님과 함께 늘 동행하며 주님을 섬겼는데, 그들은 복을 받고 나는 못 받은 것입니다. 나는 하나님을 이해할 수 없었습니다. 나는 내가 배운 것과 실제로 일어나고 있는 일을 도저히 조화시킬 수 없었습니다.

7. 믿음으로 받는 복

내가 하나님의 은혜를 이해하고 있었다면, 성령의 능력을 받기 위해 그토록 많은 세월을 기다리지 않았을 것입니다. 하나님의 말씀을 읽고 이해하기 시작하면서, 나는 바울이 이렇게 질문하는 곳까지 오게 되었습니다.

> 내가 너희에게서 다만 이것을 알고자 하노라. 너희가 율법의 행위로 성령을 받았느냐, 믿음에 관하여 들음으로 받았느냐?(갈라디아서 3:2)

갑자기 나는 이 질문이 수사적인 질문임을 깨달았습니다. 이에 대한 명백한 답변은 그들이 듣고 믿음으로 성령을 받았다는 것입니다.

나는 깜짝 놀랐습니다. 나는 한 번도 이러한 것을 배운 적이 없었습니다. 나는 충분히 거룩해지고 충분히 의로워지기 위해서 나 스스로 부단히 노력했지만, 성령 충만을 받을 정도로 충분히 선해질 수는 없었습니다. 오로지 믿음으로 구하기만 하면 된다는 것은 전혀 생각지도 못했습니다. 나는 하나님이 나의 도움을 필요로 하신다고 믿고 있었습니다.

그 날로 나는 스스로 의로워지려는 모든 노력은 집어치우고, 간단하게 이렇게 기도했습니다. "주님, 저는 당신의 성령의 은사를 지금 받겠습니다." 그리고는 그 자리에서 받았습니다. 나는 생각했지요. '바보같이 멍청하기는! 내가 알았더라면, 벌써 몇 해 전에 받을 수 있었을 텐데. 누군가 내게 가르쳐 주었더라면 말이야!'

율법과 규례에 대한 복종만을 강조한 가르침 때문에 여러 해 동안 나는 얼마나 많은 것을 잃었는지 모릅니다. 우리는 예수 그리스도를 우리의 구주와 주님으로 믿고 신뢰함으로 성령의 내주하심과 충만하심과 능력을 받는 것이지, 어떤 외형적인 규례를 지킴으로 받는 것이 아닙니다. 이것이 바로 우리 같은 죄인들에게 베푸신 하나님의 은혜, 사랑, 자비, 선하심을 강조하며, 이 단순하면서도 능력 있는 메시지를 내가 되풀이하는 이유입니다.

받기만 하면 되는 복

내가 말씀을 이해하기 시작하자, 나는 하나님의 복을 받기에 합당한 거룩함의 경지는 나의 의로움이나 능력으로 도달하는 것이 아니라는 것을 알게 되었습니다. 단순히 그분을 신뢰할 때, 하나님은 나에게 복을 주십니다. 오래 살면 살수록, 내가 얼마나 하나님의 사랑을 받을 자격이 없는지를 더 많이 깨닫게 됩니다. 내가 착하고 거룩하고 정결해서가 아니라, 그것이 그분의 마음이기 때문에 그분은 나에게 복을 주기 원하십니다. 그분은 그분의 자녀들에게 복 주기를 즐기십니다.

우리의 삶에서 하나님의 복을 가로막는 한 가지가 있다는 사실을 아십니까? 이번 주 아침 기도를 꾸준히 하지 않았다고 하나님의 복 주심이 보류되는 것은 아닙니다. 당신 삶의 어떤 영역에서 당신이 실패해서 그것이 보류되는 것도 아닙니다. 누구나 다 실패합니다. 당신의 삶에서 오직 한 가지 하나님의 복 주심을 가로막는 일이 있다면, 그것은 복을 주시는 하나님을 신뢰하기를 거절하는 것입니다. 하나님의 복은 단순히 그분을 신뢰하는 사람이면 누구에게나 주어지는 것입니다.

당신 자신의 의로움이나 선함을 가지고 하나님께 나아가지 마십시오. 그렇게 되면, 당신의 삶을 위해 하나님이 하시고자 하는 선한 일을 가로채는 어리석은 자가 될 테니까요. 하나님이 받아주시는 오직 한 가지 자세는, "저는 실패자입니다. 저는 그것을 받을 자격이 없습니다. 그러나 주님, 어쨌든 저에게 복을 주세요!" 라고 고백하는 것입니다.

하나님의 복이 그분에 대한 단순한 믿음을 통해 내 것이 된다는 것을 깨달은 이후부터, 나는 그분의 복을 경험하게 되었습니다. 하나님이 나에게 너무 많은 복을 주셔서 나는 그 모든 복을 셀 수가 없을 정도입니다. 나는 전혀 닫혀 있지 않는 문에 와 있습니다. 내가 나 자신의 의를 가지고 나아올 때는, 대부분의 경우 문이 닫혀 있었습니다. 그러나 이제는 하나님의 사랑을 근거로 그분 앞에 나아가기 때문에, 그 문은 절대

7. 믿음으로 받는 복

닫혀 있지 않습니다.

하나님은 언제나 우리를 사랑하십니다. 우리에 대한 그분의 사랑은 변하지 않습니다. 그분은 어제 우리를 사랑하신 것보다 오늘 더 많이 우리를 사랑하시는 것이 아닙니다. 하나님의 사랑은 그와 같지 않습니다. 우리에 대한 하나님의 사랑은 늘 동일합니다. 그것은 절대 변하지 않습니다. 우리에 대한 그분의 사랑은 우리에게 그 기초를 두고 있지 않습니다. 그것은 그분 자신과 그분의 사랑의 성품에 그 기초를 두고 있습니다.

하나님은 사랑이십니다. 그분은 당신을 사랑하시고, 당신이 지독한 죄인일 때조차 그분은 계속해서 당신을 사랑하십니다. 심지어는 그분의 얼굴을 향해 주먹을 불끈 쥐며, "나는 당신을 미워합니다, 하나님!" 하며 그분께 반항했을 때조차 그분은 당신을 사랑하셨습니다. 그리고 지금도 여전히 사랑하십니다. 하나님은 우리를 사랑하시기 때문에 그분은 우리에게 복을 주기 원하십니다. 그분의 복은 우리의 선함이나 의로움이나 신실함에 달려 있지 않습니다. 하나님의 복은 오직 우리에게 복을 주시고자 하는 그분의 열망에 달려 있습니다. 우리가 할 일은 단순히 그분을 믿고 그분이 주시기 원하는 복을 받는 것입니다. 바울의 수사적인 질문을 기억하십니까? "너희가 율법의 행위로 성령을 받았느냐, 믿음에 관하여 들음으로 받았느냐?" 당신이 매우 의로워졌기 때문에 마침내 하나님이, "자, 이제 그 애는 충분히 의로우니까 성령을 부어 주어야겠다"라고 하셨나요? 아닙니다. 우리는 우리가 예수님을 처음 믿었던 그 날보다 더 의롭지 않습니다.

당신이 단지 하나님을 믿고 신뢰할 때, 하나님이 당신에게 주기를 간절히 원하시는 복과 능력이 어떠한 것인지 당신은 상상할 수 없습니다. 우리는 어리석은 갈라디아 교인들과 같을 때가 많습니다. 그분과 사랑의 관계를 가질 수 있는데, 왜 우리는 율법적인 관계로 돌아가려는 어리석은 짓을 하느냐 말입니다. 당신이 받을 자격이 있으니 내 놓으라고 요구하는 어리석음을 범하지 마십시오. 왜냐하면 당신이 받을 만한 것은 사망뿐이기 때문입니다. 우리 모두가 그렇습니다. 우리 모두 죄를 지었기 때문이지요.

하나님은 당신을 사랑하시기 때문에 지금 당장 당신에게 복 주기를 원하십니다. 하나님은 당신의 삶에 복 주기를 원하시고, 그 복으로 가는 길은 당신의 믿음입니다.

설마 나와 같은 사람도

이 책을 읽는 여러분 중에, 당신이 하나님을 너무 많이 실망시켜 드렸기 때문에, 또는 당신이 너무 연약하기 때문에, 또는 당신이 너무 많은 잘못을 저질렀기 때문에 하나님이 당신에게 복 주실 수 없다고 믿는 사람이 있을지도 모릅니다. 어쩌면 당신은 상습적으로 혈기를 부리는 나쁜 성질을 가졌거나 세상에 한 눈을 파는 사람일 수도 있습니다. 당신은 이렇게 생각할 것입니다. '내가 아이들에게 이렇게 고함을 지르고 야단을 치는데, 하나님이 어떻게 나에게 복을 주시겠는가? 내가 이렇게 썩었는데, 하나님이 어떻게 나에게 복을 주시겠는가? 내가 이렇고 저런 사람인데 어떻게 하나님이 나에게 복을 주시겠는가?' 당신의 문제는 당신의 행위의 실적을 근거로 하나님의 복을 받으려 하는 것입니다. 당신은 다음과 같은 잘못된 생각에 빠져 있는 것입니다. '내가 매우 선하고 매우 완벽하게 될 때에 그분은 나에게 복을 주실 거야!'

그러나 그것이 얼마나 잘못된 것인지 모릅니다!

"주님, 저는 이 능력을 갖기를 원합니다. 그러니 지금 그것을 나에게 부어 주세요!" 라고 우리가 말하는 순간, 하나님은 우리의 삶을 성령으로 채우기 원하신다는 사실을 우리는 명심해야 합니다.

그러나 나는 당신에게 경고해야만 합니다. 바로 이 시점에서 영적인 전쟁

7. 믿음으로 받는 복

이 일어나는 것은 부인할 수 없는 사실입니다. 당신이 하나님께 성령으로 채워 달라고 기도할 때, 그 순간 사탄은 당신의 마음속에 온갖 거짓말과 비난을 퍼붓기 시작할 것입니다. 그가 당신의 마음을 어지럽게 할 것입니다. 그는 당신을 죄책감에 사로잡히게 할 것이고, 자격이 없다고 생각하게 만들 것입니다. "너, 지금 뭐하고 있는 거야? 하나님께 복을 달라고 구하고 있는 거야?" 하며 조소할 것입니다. "창피한 줄 알아라. 너는 그럴 자격이 없어! 네 모습 좀 봐! 네가 한 일은 또 어떻고! 하나님이 어떻게 너 같은 사람에게 그분의 성령을 채워 주실 수가 있겠니?"

얄궂게도 많은 경우 사탄은 그리스도인을 통해 이러한 거짓말을 전달합니다. 스스로 의로워지려는 사람들 가운데 누군가 반드시 당신을 책망할 것입니다. 그는 이렇게 떠들어 댈 것입니다. "다 네 잘못이야. 네 잘못! 네가 믿음이 조금만 더 있었다면, 네가 조금만 더 영적이었더라면, 네가 조금만 더 나와 같았더라면 괜찮았을 텐데." 이러한 영적인 공격 앞에 우리 중 많은 사람들은 쉽게 포기하고 물러서 버리게 됩니다. 우리는 "주님, 안 되겠어요. 그만 둘게요!"라고 합니다.

이 얼마나 큰 비극입니까! 나는 내가 하나님의 복을 받을 자격이 없다는 것을 잘 압니다. 그러나 하나님은 내가 그것을 받을 자격이 있어서 나에게 복을 주시는 것이 아닙니다. 하나님은 그리스도 예수 안에 있는 나를 향하신 그분의 사랑과 그분의 은혜를 근거로 나에게 복 주시는 것입니다. 그것이 그분의 복의 근거이지, 나의 선함이나 의로움이나 온전함이 그 근거가 아닙니다. 만약 우리가 이것만 머릿속에 집어넣는다면, 우리는 우리가 상상할 수 없을 만큼 많은 복을 받기 시작할 것입니다.

복은 바로 거기에 있습니다. 하나님은 당신에게 복 주기를 원하십니다. 당신이 할 일은 당신이 그것을 받을 자격이 없다는 것을 너무 잘 알지만, 그래도 하나님이 당신에게 복 주실 것을 단순히 믿는 것입니다. 그 복은 당신의 행위 때문에 오는 것이 아닙니다. 그것은 당신의 믿음 때문에 오는 것입니다. 그것은 하나님이 당신에게 복 주실 것을 당신이 믿고 신뢰하기 때문에 오는 것입니다.

이 진리를 분명하게 알지 못하는 것이 많은 그리스도인들이 그들의 삶에서 실제적인 문제들을 갖게 되는 바로 그 원인입니다. 어떤 사람은 이렇게 말합니다. "하나님이 왜 저 사람에게 복을 주시는지 모르겠어요. 저렇게 담배를 피워 대는데 말이예요." "아니 저 사람 복 받는 것 좀 봐! 왜 하나님은 담배 피우는 사람을 복 주시는지 이해할 수 없단 말이야." 그러나 물론 하나님의 복이 흡연 습관에 달려 있지 않습니다. 그것은 우리가 하나님의 자녀이기 때문에 하나님이 우리에게 복 주실 것을 믿는 우리의 믿음에 달려 있습니다.

하나님은 오늘 그분의 백성들에게 복 주기를 원하십니다. "주의 눈은 이리저리 온 땅을 두루 다니며 완전한 마음으로 자신에게 향하는 자들을 위하여 자신의 강하심을 보이시나니"(역대기하 16:9). 마음을 하나님께 향하고, 그분의 말씀을 믿고, 하나님이 그분의 약속을 꼭 지키실 것을 신뢰하십시오. "주님, 지금 저에게 복을 주세요!" 라고 말하십시오. 그리고 그것을 그냥 받으십시오.

이러한 거저 주시는 은혜가 우리 마음에 썩 납득이 되지 않을 줄 잘 압니다. "오, 주님! 저에게 복을 내려 주세요. 저는 오늘밤 놀라운 복을 받기를 정말 원합니다" 라고 말하는 순간, 나의 마음은 이렇게 반박합니다. '지금 뭐라 그랬지? 하나님께 복을 달라고? 오늘 낮에 그런 더러운 생각을 마음에 품었으면서 어떻게 하나님께 복을 달라고 할 수 있지?'

복 받을 자격이 있다는 기존의 생각을 떨쳐버리기가 너무 어렵습니다. 비록 우리가 죄를 짓고 실수하여 그것을 받을 자격이 없을지라도, 단순히 하나님이 우리에게 복 주실 것을 믿고 기대하는 것은 매우 어려운 변화입니다. 그러나 우리가 마침내 그 장애를 극복하고 단순히 하나님이 우

7. 믿음으로 받는 복

리에게 복 주시겠다고 약속하셨기 때문에 그분이 우리에게 복 주실 것을 기대하며 그 약속을 믿을 때, 하나님의 복이 우리 삶에 임하는 것을 막을 수 있는 것은 아무 것도 없습니다.

아브라함의 복

그렇다면 그 복들은 어떤 것들입니까? 하나님이 아브라함에게 약속하신 것과 똑같은 복이 우리들의 것입니다. 왜냐하면 우리는 아브라함의 자손이기 때문입니다. 다음의 세 가지 약속된 복들에 귀를 기울여 보십시오.

> 아브람아, 두려워하지 말라. 나는 네 방패요 네가 받을 지극히 큰 보상이니라(창세기 15:1).
>
> 내가 너로 하여금 심히 다산하게 하며(창세기 17:6).
>
> 내가 내 언약을 나와 너와 네 뒤를 이을 네 씨 사이에 대대로 세워 영존하는 언약으로 삼고 너와 네 뒤를 이을 네 씨의 하나님이 되리라(창세기 17:7).

이 모든 복과 그보다 더 많은 복이 당신의 것입니다. 하나님이 그리스도 안에 있는 당신을 보시기 때문에, 예수님의 의가 당신에게 부여된 것입니다. 이것, 오직 이것만이 하나님이 당신에게 철저하게 그리고 완전하게 복 주시는 유일한 근거입니다.

은혜의 복음은 당신이 비록 자격이 없을지라도 하나님은 그분의 사랑과 그분의 손길, 그분의 능력 그리고 그분의 기름 부으심을 당신이 경험하기를 원하신다는 것을 강하게 주장합니다. 하나님은 각 사람에게 믿음의 분량을 주셨습니다. 그것을 단련하고 사용하십시오. 그러면 그것이 발전될 것입니다. 단순히 믿고 주님을 신뢰하십시오. 그리고 하나님이 당신에게 복 주실 것을 기대하십시오.

어느 날 우리가 하나님의 복을 받기에 충분히 거룩해졌기 때문에 하나님의 영의 복이 우리에게 허락되는 것이 아니라는 사실을 절대로 잊지 마십시오. 마침내 우리가 그 빛을 보고 하나님이 그분의 말씀을 지키실 것을 단순히 믿었을 때, 하나님의 복은 우리에게 임했습니다. 우리의 의로운 행위는 그것과 아무 상관이 없었습니다.

하나님의 방법은 조금도 변하지 않았습니다. 아브라함의 복은 우리 주 예수님에 대한 단순한 믿음을 통해 우리에게 온 것입니다. 하나님의 복을 받기 위해 우리가 할 일은 단지 그분을 믿는 것입니다.

이 사실을 가만히 생각해 보면, 그것 자체가 사실은 큰 복입니다.

8

은혜

갈등은 시작되고

얼마 전 육체와 심하게 갈등하고 있는 한 젊은이로부터 편지를 받았습니다. 그는 육체와의 싸움에서 실패에 실패를 거듭한 뒤 그 처절한 기록을 적어 보냈는데, 마치 로마서 7장 24절에 있는 바울의 절규를 듣는 것 같았습니다.

오 나는 비참한 사람이로다! 이 사망의 몸에서 누가 나를 건져 내랴?

나는 그가 겪은 일을 쉽게 이해할 수 있었습니다. 우리 모두는 주님과 동행하는 삶 가운데서 그와 비슷한 힘든 시간들을 겪어 보았을 것입니다. 하나님을 기쁘시게 하는 삶을 살기를 원하면서도 육체의 힘이 너무 막강해서 우리는 실패하게 됩니다.

교회의 역사를 통해서 볼 때, 사람들은 육체를 다스릴 수 있는 방법을 찾고자 연구해 왔습니다. 많은 그리스도인들이 육체를 이기고 승리할 수 있는 길은 오직 그들 자신을 수도원의 벽장에 가두는 것뿐이라고 믿었던 적이 있습니다. 그들은 넘어지게 할 가능성이 있는 어떠한 일이나 물건, 또는 사람으로부터 그들 자신을 격리시키려고 했습니다. 그러나 그들이 남긴 일기장을 대충만 읽어 보아도 격리가 아무 도움이 되지 않았던 것을 알 수 있습니다.

초대 교회 유명한 신학자인 제롬(Jerome)은 새장 크기의 방 안에서 수년을 살았습니다. 바깥 세상과의 유일한 접촉은 조그만 창문을 통해 그의 식사를 받는 것이 전부였습니다. 그는 하나님의 말씀 연구와 묵상, 그리고 기도에만 전적으로 자신을 헌신하기 위해 모든 것과 모든 사람으로부터 자신을 격리시켰습니다. 그러나 그의 일지를 보면, 엄격한 생활 방식과 외부와의 접촉을 피하기 위해 쌓은 두꺼운 벽도 물밀 듯 밀려오는 망측한 생각들과 상상들, 그리고 올바른 정신과는 거리가 먼 공상들로부터 어둡고 작은 방에 앉아 있는 그의 마음을 지켜 주지는 못했다고 기록하고 있습니다.

육체는 대단히 막강한 적입니다. 어떤 그리스도인들은 주님과의 동행 내내 육체와의 전투에서 패배를 거듭합니다. 그들은 스스로 하나님의 안식에 들어가 보지도 못하고 광야에서 죽어 간 이스라엘 백성들과 같다고 느낍니다.

왜 그러한 믿는 자들은 전혀 하나님과의 동행 안에서 승리를 누리지 못할까요? 그 이유는 간단합니다. 그들은 자신의 힘으로 경건한 삶을 살아 보려고 그들의 모든 힘을 사용하기 때문입니다. 그들은 그들의 삶과 갈등을 하나님께 맡기기보다는 의로워지게 하는 새로운 기술이나 새로운 방법, 그리고 새로운 프로그램만을 계속 찾습니다.

우리의 노력을 인도해 줄 또 다른 프로그램이나 공식 같은 것을 필사적으로 찾음으로써 '이 사망의 몸'에서부터 우리 자신을 구원하고자 애쓰고 있는 한, 우리 모두는 실패하고 말 것입니다. 이에 대한 해결책이 우리 자신의 자원 훨씬 너머에 있다는 것을 알기까지 도움은 오지 않습니다. 놀랍게도 연약함 가운데 하나님께 부르짖는 것이 곧 우리 구원의 열쇠입니다.

8. 갈등은 시작되고

또 하나의 자기개선 프로그램이 아닙니다

우리가 전적으로 무능하다고 인정하는 것은 우리들 대부분에게 매우 힘든 일입니다. 우리는 본능적으로 우리 자신이 강하고 능력이 있어 우리 자신들의 문제를 스스로 해결할 수 있다고 생각하기를 좋아합니다. 우리가 한 가지 프로그램에 마음을 정하고 그것대로 따라 하기만 하면, 2,3 킬로그램의 체중은 쉽게 줄이고 날씬해질 수 있으며 나쁜 습관도 버릴 수 있다고 믿으며, 우리는 얼마나 자주 이러한 자기 개선 프로그램을 쉽게 시작했습니까? 그러나 슬픈 사실은 우리가 우리 자신의 힘으로 우리의 삶을 바꿀 수 있다고 생각하는 한, 우리는 절대로 그렇게 될 수 없다는 것입니다.

그리스도인의 삶에서 영적 성장을 방해하는 가장 큰 장애물 가운데 하나는, 우리 자신의 노력으로 하나님을 기쁘시게 하는 삶을 살 수 있다고 생각하는 것입니다. 만일 우리가 그렇게 할 수 있다고 생각하면 그 공적을 당연히 우리 자신에게 돌리려 할 것입니다. '그것 봐, 그 나쁜 습관을 버리는 것이 그리 힘들지 않았잖아! 나는 내가 해 낼 줄 알았단 말이야!' 그 시점에서 우리는 하나님께 영광을 돌리는 것이 아니라, 우리 자신을 주인공으로 성공담을 쓰게 되지요. 우리는 우리의 공식이 다른 사람들에게 어떻게 적용될 것인지를 말하기 시작하고, 하나님은 그림에서 점점 사라져 갑니다. 예상하건대, 우리의 위대한 자신감에도 불구하고 비극과 실망의 바람이 한 번 불면, 그로 인해 우리의 카드 집은 와르르 무너져 내리게 됩니다.

하나님은 우리가 모든 시도를 다 해 볼 때까지 이러한 자립과 자기 개선 프로그램을 따르도록 내버려 두십니다. "난 할 수 없어. 나 자신의 힘으로는 의로워질 수 없어. 오, 나는 곤고한 사람이로구나!" 라는 진정한 고백이 나올 때까지, 우리 자신의 노력을 다 발휘하도록 내버려 두실 것입니다. 이러한 솔직함은 우리에게는 극도로 어려운 것인데, 왜냐하면 그것은 우리 자신의 무능함과 실패와 연약함을 스스로 인정하는 것이기 때문입니다. 우리는 이러한 결론에 이르기를 싫어하는데, 왜냐하면 그것은 우리의 자존심을 거부하는 일이기 때문입니다.

그러나 우리 자신의 전적인 무능함을 인정할 때 비로소 우리는 소망을 찾게 됩니다. 우리가 마침내 하나님의 은혜로 방향을 전환할 때, 주님은 우리의 삶에 개입하셔서 우리 자신이 할 수 없었던 일을 행하기 시작하십니다. 우리가 무력함과 절망으로 애타게 부르짖는 우리 모습을 발견하기 전에는 그리스도 안에서의 참된 승리를 누리지 못합니다.

갈등은 시작되고

어떤 의미에서 싸움이 존재한다는 사실이 우리가 기뻐할 수 있는 참된 이유입니다. 만약 우리가 영적으로 소생되지 않았더라면, 갈등은 없을 것입니다. 만일 내 영혼이 여전히 죄와 허물로 죽어 있다면, 나는 욕망과 갈등할 필요가 없습니다. 곧바로 뛰어들어가 육체를 따라 살면 그만입니다. 우리가 이러한 싸움에 휘말려 있다는 사실은 우리가 진정한 하나님의 자녀임을 보여 주는 증거입니다.

또한 우리는 여전히 싸움을 하고 있습니다. 우리 각자의 내면에서 잔인한 싸움이 벌어지고 있는 것을 누가 부인할 수 있겠습니까? 사도 바울은 이렇게 말합니다.

> 육신은 성령을 대적하여 욕심을 부리고 성령은 육신을 대적하나니 이 둘이 서로 반대가 되므로 너희가 원하는 것들을 능히 하지 못하느니라(갈라디아서 5:17).

베드로도 이 싸움에 대한 모든 것을 알았습니다. 한 때 어부였던 베드로는 예수님께 다른 모든 제자들이 예수님을 버리고 도망할지라도 자기는 도망가지 않겠다고 장담했지요. 그러나 잠시 후 그는 주님을 세 번이나 배반하고 말았습니다. 예수님은 이미도 알고 계셨습니다. "마음은 원이로되 육신이 약하도다."

베드로처럼 우리는 자제력을 발휘하기 전 충동적으로 행할 때가 종종

8. 갈등은 시작되고

있습니다. 우리는 선을 행하기를 원하지만 악을 행하고 있는 우리 자신을 발견하게 됩니다. 바울이 말한 것처럼 말입니다.

> 그런즉 내가 한 법을 발견하였나니 곧 내가 선을 행하기 원할 때에 악이 나와 함께 있는 것이로다. 내가 속사람을 따라 하나님의 법을 즐거워하나 내 지체들 안에 있는 죄의 법에게로 나를 사로잡아 가는 것을 내가 보는도다(로마서 7:21-23).

우리의 지체 속에서 주도권 장악을 위한 성령과 육체 간의 전쟁이 계속되고 있다는 사실을 깨닫기 전에는, 우리는 하나님 안에서의 승리를 맛볼 수 없습니다. 우리의 육체는 아직 죽지 않았습니다. 우리의 삶을 그리스도께 맡기고 성령 안에서의 기쁨과 즐거움을 누리기 시작했음에도 불구하고, 우리 육체의 본성의 싸움은 끝나지 않았습니다. 우리가 구원받기 전 우리의 삶을 다스리고 지배하기를 즐기던 육체는 우리의 몸이 완전히 구속을 받을 때까지는 우리를 자신의 권세 아래로 여전히 끌어오려고 몸부림치며 결코 포기하지 않습니다.

우리의 욕구가 잘못된 것인가요?

이 시점에서 중요한 것은 우리 몸의 욕구와 본능, 그 자체가 악하다고 생각하는 실수를 범하지 않는 것입니다. 우리 몸의 욕구는 하나님이 창조해 주신 것으로서, 생명을 유지하는 데 절대적으로 필요한 것입니다.

우리 몸의 욕구 중에서 가장 강한 것은 공기에 대한 욕구입니다. 숨쉬는 것에는 전혀 잘못된 것이 없습니다. 그러나 이러한 기능을 코케인을 흡입하는 데 사용할 수도 있습니다. 이렇게 하는 가운데 우리는 하나님이 주신 자연적인 기능을 오히려 자연 법칙에 반하는 목적을 위하여 그것을 악용할 수 있습니다. 성경은 이것을 '죄'라고 말합니다.

공기에 대한 욕구 다음으로 강한 것은 수분을 취하려는 욕구입니다. 목마른 것에는 전혀 잘못이 없습니다. 그러나 술집에 앉아서 앞이 바로 보이지 않을 때까지 술을 마시는 것은 잘못된 것이지요. 이것 역시 우리의 자연적인 욕구를 하나님이 의도하신 목적과는 다르게 잘못 사용하는 것입니다.

다음으로 강한 욕구는 식욕입니다. 먹는 것에 경건치 못할 일이 하나도 없습니다. 다만 너무 많이 먹어서 건강에 지장을 가져올 정도라면 그것은 잘못된 것이지요. 보통 우리는 과식을 음식에 대한 자연적인 욕구를 남용하는 것과 연관시킵니다. 살을 빼는 것에 대한 강박 관념 또한 똑같이 해롭습니다. 어떤 사람들은 모든 음식물의 칼로리를 재고 땅에 엎드러질 정도까지 강박적으로 운동을 하는데, 이것 또한 죄입니다.

하나님은 자손 번식을 위해서뿐만 아니라 부부간의 아름다운 애정 표현을 위해서도 성적인 욕구를 창조하셨습니다. 그러나 이 욕구를 쾌락의 장난감으로 전락시켜 더 이상 사랑에 초점을 맞추지 않는다면, 그것은 잘못된 것입니다.

이러한 하나님이 주신 모든 귀중한 욕구들을 이기적인 목적을 위해 왜곡시키는 것이 왜 성령을 대항해서 싸우는 것이라 하는지 아시겠습니까? 하나님은 이러한 모든 몸의 욕구를 우리에게 주셨지만, 그 중 어떤 것도 우리를 지배하고 다스리도록 할 의도가 없으셨습니다. 그것들은 삶에 꼭 필요한 부분들이지만, 하나님은 그것들이 우리의 삶을 장악하도록 계획하시지 않았습니다.

예수님은 우리가 무엇을 먹을까, 무엇을 마실까, 무엇을 입을까 염려하고 있다면, 우리는 하나님을 모르는 이방인들과 아무런 차이가 없다고 말씀하셨습니다(마태복음 6:31,32 참조). 하나님을 모르는 사람은 몸의 욕구를 추구하는 일외에는 아무 것도 할 수 없지만, 우리 믿는 자들은 목숨이 음식보다 중하고, 몸이 의복보다 중하다는 것을 잘 압니다. 우리의 육체의 욕구는 원래 의도대로 사용하면 합당하고 옳은 것이지만, 결코 그것들이 우리를 다스리도록 의도되지는 않았습니다. 그러나 우리가 타락한 상태에서는 몸의 욕구가 우리의 삶을 지배하려 합니다. 여기에서

8. 갈등은 시작되고

갈등이 시작되는 것입니다.

주님의 전투 계획
이 시점에서 우리의 질문은 "그렇다면 우리의 육체를 어떻게 할 것인가?"라는 것입니다. 하나님은 육체의 문제에 대한 대비책을 마련하셨는데, 그분은 그것을 "십자가"라고 부르십니다.

육체를 구속하려 하거나 영적인 의상으로 꾸미거나 개선하려 하지 마십시오. 육체는 회복이 불가능합니다. 육체는 십자가에 못 박혀야 합니다. 바울은 이렇게 말합니다.

> 우리가 이것을 알거니와 우리의 옛 사람이 그분과 함께 십자가에 못 박힌 것은 죄의 몸을 멸하여 이제부터는 우리가 죄를 섬기지 아니하게 하려 함이니(로마서 6:6).

우리가 할 일은 이것을 사실로 인정하는 것입니다. 만일 육체의 소욕이 우리의 삶에서 여전히 하나의 요인이 아니라면, 구태여 우리의 옛 사람이 그리스도와 함께 죽었음을 인정할 필요가 없을 것입니다. 우리를 주장하려는 육체의 소욕을 대할 때마다, 우리는 우리 안에 육체와 성령의 싸움이 여전히 있음을 솔직하게 인정할 필요가 있습니다. 그리고 우리는 우리의 약점의 구체적인 부분을 십자가로 가지고 나와 그것이 십자가에 못 박힌 것으로 여겨야 합니다.

그러나 이것은 겨우 첫 번째 단계일 뿐입니다. 육체와 성령의 갈등을 해결하기 위한 성경적인 처방은 개인적인 훈련이나 자기 절제가 아닙니다. 육체를 이길 수 있는 힘은 성령이 다스리는 삶을 통해서만 옵니다. 비록 우리가 이 몸 안에 살고 있는 한 이 싸움은 계속되지만, 하나님은 영적인 승리를 위해 우리에게 필요한 자원을 공급해 주십니다. 하나님의 영이 우리의 삶을 맡으셔서 강하게 역사하시도록 내어드릴 때, 우리는 타락한 본성을 이길 수 있습니다.

우리 자신의 힘으로 거룩해지려는 노력은 어떤 것이든 육체적이라 할 수 있습니다. 바울은, "오호라, 나는 비참한 사람이로다!" 라고 절박한 부르짖음의 자리까지 왔을 때, '어떻게 하면 다음에는 더 잘 할 수 있을까? 어떻게 하면 더 열심히 하여 만족한 결과를 낼 수 있을까?' 라고 묻지 않았습니다. 바울은 이미 그 길로 걸었던 경험이 있었고, 그것으로는 아무 유익이 없었습니다. 그는 자기 안에는 경건한 삶을 살 능력이 없음을 깨달았고, 누군가 자기를 구출해 줄 자가 필요함을 알았던 것입니다. 그래서 그는 "이 사망의 몸에서 누가 나를 건져 내랴?" 라고 부르짖었던 것입니다.

예수님이 우리의 영을 깨우실 때, 그분은 또한 우리에게 일련의 새로운 욕구들을 주십니다. 우리는 하나님과의 깊은 교제를 사모하게 되고, 하나님의 말씀에 대한 깊은 지식과 이해를 추구하게 되고, 예수 그리스도 안에서 살아 있는 다른 사람들과 밀접한 관계를 가지기를 원하게 됩니다. 우리는 더 이상 육체를 따라 살기를 원치 않는데, 그 이유는 이러한 일들의 결말이 좌절과 사망임을 이미 깨달아 알기 때문입니다. 육체를 위해 사는 것은 항상 우리로 하여금 무엇인가 더 많이 추구하게 하며, 또한 우리의 한계를 넘어선 것과 마침내 지속적인 만족감을 가져다 줄 그 무엇을 추구하도록 이끌어 갑니다. 그러나 우리에게 약속된 만족감은 항상 우리를 비켜 갑니다.

우리가 성령을 좇아 살면, 우리는 세상이 알지 못하는 평안을 갖게 됩니다. 끝없는 갈등과 쓰라린 공허함은 사라져 버리고, 우리는 목적과 의미가 분명한 삶을 발견하게 됩니다. 한 때 우리를 매혹시키던 육체는 더 이상 매력을 잃게 되고, 우리 안에서 일어나고 있는 싸움에서 우리는 승리를 거두게 됩니다.

영적인 마음 놀이

우리가 좋아하든 좋아하지 않든, 우리가 인정하든 인정하지 않든 상관

8. 갈등은 시작되고

없이, 우리 속에는 선을 행하려 하면 항상 악이 함께 하는 짓궂은 법칙이 역사하고 있습니다. 바울은 당연히 우리 삶의 일부분인 이 싸움을 정확하게 묘사합니다.

> 내가 행하는 것을 내가 인정하지 아니하노니 이는 내가 원하는 것은 내가 행하지 아니하고 내가 미워하는 것을 내가 행하기 때문이라. 그런즉 만일 내가 원치 아니하는 그것을 내가 행하면 율법이 선하다는 사실에 대해 내가 율법에 동의하노니 그런즉 이제 그것을 행하는 자는 더 이상 내가 아니요 내 안에 거하는 죄니라 (로마서 7:15-17).

성경에서 가장 간단하면서도 가장 분명한 계명들 가운데 하나를 우리가 어떻게 지키고 있는지 생각해 보십시오. 예수님은 이렇게 말씀하셨습니다.

> 내가 새 명령을 너희에게 주노니 너희는 서로 사랑하라(요한복음 13: 34).

그 후에 요한은 우리가 하나님을 사랑한다고 말하며 형제를 미워하면, 우리가 거짓말쟁이라고 말했습니다(요한일서 4:20 참조). 또한 그는 눈에 보이는 형제를 사랑하지 못하면서 보지 못하는 하나님을 어떻게 사랑할 수 있겠느냐고 말했습니다.

우리의 문제를 한 번 살펴봅시다. 성경은 너무나 분명하게 사람에 대한 미움을 금하고 있기 때문에 때때로 우리는 그 문제를 약화시키며 이렇게 말합니다. "아! 저는 그 사람을 미워하는 것이 아니에요. 단지 그가 하는 그 못된 짓이 미운 것입니다." 그러나 우리가 정직하다면, 어떤 사람의 행동으로부터 그 사람을 따로 떼어서 생각하기가 얼마나 어려운가를 인정해야 할 것입니다. 나 자신도 그렇게 분명히 구별하여 생각하기가 어렵습니다. 나는 악한 사람의 행동뿐만 아니라 그 사람도 미워하고 있는 나 자신을 발견합니다. 만약 그에게 교통 사고로 새 차가 다 찌그러지는 것과 같은 불행한 일이 일어났다는 소식을 들으면, 나는 속으로 기뻐하고 있는 나 자신을 발견하게 됩니다. 성경은 나의 이런 태도가 달라져야 한다고 말하고 있습니다. 그러나 정직하게 말해서 나의 태도는 다르지 않습니다.

종종 우리는 우리가 정말 하나님께 순종하고 있으며, 사랑스럽지 않은 사람을 사랑하고 있노라고 스스로 자긍하는 마음 놀이를 합니다. 만약 우리가 열심히 노력한다면, 우리는 우리가 정말로 사랑하고 용서하고 있다고 스스로 확신할 수 있습니다. 그러나 우리 내면의 진실은 다음과 같은 상황에서 분명해집니다. 우리가 싫어하는 바로 그 녀석이 다가와서는 등을 탁 치며 실내에 다 들릴 정도로 큰 소리로 말합니다. "어휴! 냄새, 이 친구 아침에 겨드랑이에 향수 바를 시간이 없었군 그래!" 이에 대한 우리의 맨 처음 반응은 다음과 같이 생각하는 것입니다. '이 바보! 지금 모든 사람이 나를 쳐다보고 있잖아. 당장 꺼져 버려!' 우리는 정말 이런 사람도 사랑하기를 원하지만, 우리의 육체가 그것을 허락지 않습니다.

바울처럼 우리도 우리 안에 얄궂은 법칙이 역사하고 있는 것을 발견합니다. 우리가 선을 행하려 할 때마다 악이 함께 하는 것이지요. 그 때마다 우리는 자신에 대해 좌절하게 되고, 우리의 실패에 염증을 느끼며 결국은 용기를 잃고 낙심하게 됩니다. 우리는 깊은 영적 패배감을 느끼며 바울처럼 이렇게 외칩니다. "오, 나는 비참한 사람이로다. 이 사망의 몸에서 누가 나를 건져내랴?"

자랑할 이유가 없습니다

우리 스스로는 우리 자신을 죄와 사망의 법으로부터 건져 낼 수 없다는 것을 인정할 때, 비로소 우리 안에서 하나님의 위대하신 능력이 역사하기 시작하며, 우리 스스로 할 수 없는 일을 하게 될 것입니다. 하나님의 능력이 우리를 완전히 변화시켜 주실 때, 우리의 할 일은 그분께 감사와 영광을 돌리는 것뿐입니다. 우리는 다른 사람들에게 이렇게 말할 수는 없습니다. "나는 과거에 죄에 빠져 있었습니다. 그런데 어느 날, 예수님이 그것을 좋아하시지 않는 걸 알고, 나는 내 의지력과 자제력을 총동원해서 그런 일은 더 이상 하지 않기로 결심했습니다." 우리는 우리가 얼마나 의지가 강하고 스스로 절제할 수 있는 사람인가를 자랑할 만한 여지가 도무지 없는 사람들입니다. 성경은 다음과 같이 선언합니다.

8. 갈등은 시작되고

나는 우리 주 예수 그리스도의 십자가외에 결코 어떤 것도 자랑할 수 없나니(갈라디아서 6:14).

실제보다 더 영적인 것처럼 보이는 사람들을 만나 본 적이 있습니까? 이런 사람들은 어떤 사람이 영적인 갈등에 대해 말하면, 아무 가치도 없는 무성의한 말을 무심코 지껄여 댑니다. 만약 누가 육체와의 갈등으로 괴롭다고 말하면, 이 '신령하신' 분들은 그 즉시 얼굴에 스스로 의로우며 '당신보다 더 거룩하다'는 표정을 짓습니다. 말 한 마디 하지 않고도 그들은 육체의 문제로 갈등하는 것은 믿는 자로서 비정상적인 일이라는 것을 전달합니다. "아니, 좀 더 많이 기도하고, 좀 더 열심히 말씀을 보고, 좀 더 신령한 마음을 가졌더라면 육체와는 아무 문제가 없을 텐데."

이러한 초특급 영적인 완벽주의적 태도들을 흔히 보게 되는데, 이것은 성경의 가르침과는 맞지 않습니다. 나는 우리가 이 세상에 사는 동안은 이 육체로부터 오는 문제를 벗어날 수 있다고는 생각하지 않습니다. 나의 오랜 경험을 통해서 볼 때, 나의 육체는 옛날과 마찬가지로 언제나 문제를 일으킬 수 있습니다.

예를 들면, 하나님이 변화시키기 원하시는 나의 육체의 어느 부분을 들추어 내실 때, 나는 항상 최선의 의도로 시작합니다. 나는 내가 지은 죄의 추악함을 보고는, 다시는 이와 같은 식으로 죄에 빠지지 않겠다고 다짐합니다. 그래서 나는 다양한 훈련 계획들과 그 문제를 다루기 위한 작전들을 세웁니다. 나는 실제적으로 그러한 상황에 어떻게 대처하는지에 대한 온갖 종류의 조언들을 찾아 냅니다. 그러나 조만간 나는 철저하게 짜여진 나의 모든 계획들이 모두 수포로 돌아가고 마는 것을 봅니다. 나는 너무 좌절된 나머지, "하나님, 저를 도와 주세요!"라고 부르짖게 됩니다. 그런데 놀랍게도, 그 때 그분은 도와주십니다. 그분의 영이 기적적으로 나의 삶을 변화시키기 시작합니다.

감사가 넘치는 가운데 나는 하나님이 변화시키시는 방법이 어떻게 그토록 기가 막히게 간단하면서도 나 자신의 그릇된 노력보다 훨씬 더 훌륭한가를 보게 됩니다. 그 때 나는 머리를 가로저으며, '나는 언제쯤 이 간단한 은혜의 이치를 이해하게 될까?' 라고 스스로에게 말합니다. 그런데 어떻게 내가 마음 한 구석에서 나도 내 힘으로 뭔가 가치 있는 일을 할 수 있고, 내가 완전히 쓸모 없는 녀석은 아니라는 것을 하나님께 증명할 수 있다고 상상할 수 있겠습니까? 그러나 나는 그것을 상상합니다.

하나님은 절대로 육체가 우리를 지배하도록 의도하지 않으셨습니다. 그 분은 우리가 승리를 경험할 수 있도록 필요한 모든 자원과 능력을 우리에게 공급해 주십니다. 그러나 우리가 열심히 노력해서 해결해 보려고 애쓰고 있는 한, 최상의 노력조차도 우리에겐 방해가 됩니다. 우리 자신의 힘에서 비롯된 어떠한 경건의 시도도 육체의 일이며, 그것은 우리가 하나님 앞에서 행하지 않으려고 하는 일만큼이나 하나님이 싫어하시는 것입니다. 우리의 승리가 우리 자신의 자원이 아닌 오직 하나님의 간섭하심에서 비롯될 때, 그 결과는 하나님께만 영광이요 찬송이 되는 것입니다.

피해야 할 함정

우리가 주님과 가까이 있다고 느낄 때 다음과 같이 말하고 싶어집니다. "아, 참 좋구나! 나는 이제 다시는 육체를 따라 살지 않을 거야. 그것은 아무 의미가 없고 공허할 뿐이야!" 그러나 불행하게도 내일이 오면, 우리는 그 좋은 의도를 다 잊어 버립니다. 길고 초조한 하루를 끝내고 지치고 피곤한 몸을 이끌고 침대 속으로 들어갈 때, 우리가 최선을 다했음에도 불구하고 하루 종일 종잡을 수 없이 헤매며 육체를 따라 우리 마음대로 살았던 일들이 우리를 짓눌러 대면서 잠을 설치게 되지요. 참으로 놀랍게도, 우리의 육체는 다시금 우리 삶의 주도권을 잡고, 우리는 우리가 절대로 하지 않겠다고 다짐한 일들을 하고 있는 자신을 발견하게 됩니다.

8. 갈등은 시작되고

우리가 흔히 가장 큰 실수를 하게 되는 때가 바로 이 때입니다. 우리는 자신을 원망하고 자책하면서, 다음에는 더 열심히 노력하리라고 다짐합니다. 문제가 무엇인지 아시겠어요? 그러한 약속을 하는 순간, 우리는 우리의 육체에 자신감을 불어넣기로 결심합니다. 우리 자신의 노력이 영적으로 우리를 강건하게 만들 것이라고 말해 놓고는, 곧 육체를 따라 사는 것으로 물러서고 마는 것이지요. 우리는 베드로처럼, "나는 절대로 주를 버리지 않겠습니다!" 라고 말하고 있는 것과 다름이 없습니다.

우리가 계속해서 같은 싸움을 반복하고 있는 것처럼 보일 때, 우리들 대부분은 극심한 좌절감에 빠지게 됩니다. 그러나 이것이 놀랄 일은 아닙니다. 우리 모두는 예상된 단계를 거쳐 가고 있는 것이며, 이러한 과정을 통해 우리는 먼저 밧줄의 끝을 붙잡고 있는 듯한 절박한 상황에 이르게 되고, 그 때서야 우리 자신의 힘으로는 하나님을 기쁘시게 하는 삶을 살 수 없다는 것을 깨닫게 되는 것입니다. 우리는 간절히 하나님께 부르짖게 되고, 그분은 그분의 은혜로운 구원의 일을 우리에게 행하십니다. 나는 이렇게 반복적인 것들을 행하지 않고 곧 깨달을 수 있는 길은 없을까 생각해 보지만, 불행하게도 아직 그런 길은 발견하지 못했습니다.

안에서 밖으로

하나님은 그분의 은혜로 우리가 지속적인 승리를 누리는 것이 가능하도록 만들어 주셨습니다. 그럼에도 불구하고, 하늘 이쪽 편에서는 싸움이 결코 그치지 않고 있습니다. 우리는 매일 무엇인가를 선택해야만 합니다. 우리는 육체의 소욕을 따라 살 것입니까, 아니면 하나님의 영의 변화의 능력에 우리의 삶을 맡길 것입니까?

우리의 모든 자원이 바닥 나고, 하나님이 그분의 은혜로 우리의 삶을 변화시키시는 것을 보는 것은 얼마나 영광스러운 일인지 모릅니다! 믿는 자로서 우리가 자랑할 것이라고는 우리를 위하여 예수 그리스도께서 대속해 이루신 일밖에 없습니다. 만약 십자가의 사건이 없었더라면, 우리 모두는 영원히 버림받았을 것입니다. 그러나 우리를 향하신 하나님의 위대한 사랑 때문에 과거에 버림받았던 우리들은 구원을 받고, 세례를 받아 그리스도께 속하게 된 것입니다.

우리는 하나님과의 놀라운 관계를 가질 수 있게 되었고, 그로 인해 이제 더 이상 우리가 사는 것이 아니라, 그리스도께서 우리 안에 사시는 것입니다. 우리가 이제 사는 것은 우리를 사랑하사 그 자신을 우리를 위해 주신 하나님의 아들을 믿는 믿음 안에서 사는 것입니다. 하나님의 은혜 때문에 우리 각자는 이제 그리스도 예수 안에서 새로 태어난 피조물입니다. 옛것은 지나고, 모든 것이 새로워졌습니다.

우리가 하나님의 자녀가 될 때에 우리의 영적인 면이 살아나게 됩니다. 우리는 갑자기 우리의 삶이 육체의 본능에 따라 사는 것이 전부가 아니라는 것을 알게 되지요. 우리는 우리의 육체가 결코 만족시키지 못했던 내적인 공허함이 하나님과의 사랑의 관계 안에서 만족스럽게 채워질 수 있다는 것을 이해하게 됩니다. 우리가 하나님을 더 많이 알면 알수록, 그분의 평안과 기쁨을 더 많이 누리게 되고, 성령 안에서 경험하는 만족의 수준은 육체의 좁은 시야를 훨씬 넘는 무한한 것임을 발견하게 됩니다.

우리가 쓸모 없는 우리 자신의 노력을 그만 두고, 성령께서 일하시도록 맡겨 드리는 것이 얼마나 아름다운 일인지요! 왜냐하면 그분의 승리는 안으로부터 밖으로 나오는 것이지, 밖으로부터 안으로 들어가는 것이 아니기 때문입니다. 그리고 그것이 바로 오래 지속되는 승리입니다.

9
은혜

이젠 정말 자유입니다!

이 세상에서 예수 그리스도를 믿는 자만큼 진정으로 자유로운 사람은 없습니다. 바울은 갈라디아서 5장 1절에서 다음과 같이 권고합니다.

> 그리스도께서 우리를 자유롭게 하려고 자유를 주셨으니 그러므로 그 안에 굳게 서고 다시는 속박의 멍에를 메지 말라.

'자유'란 자유로운 도덕적 행위의 상태, 즉 삶에서 진실된 선택을 할 수 있는 능력이 주어진 상태를 의미합니다. 믿는 자들은 진정으로 자유로운 반면, 죄인을 묘사하기 위해 이 용어를 사용하는 것은 잘못된 것입니다. 죄인에게는 오직 한 가지 참된 선택, 즉 예수 그리스도를 믿는 선택만이 있습니다. 그는 그의 육체에 얽매여서 자신이 하고 있는 일을 멈출 수 없습니다.

오늘날 많은 사람들은 왜 그것들을 행하는지도 모르는 채 악한 일들을 행하고 있습니다. 그들은, "나는 그것이 정말 싫어. 나는 그 일을 하고 싶지 않아. 내가 그것을 왜 하는지 모르겠어. 그것을 하고 있는 내가 정말 싫지만, 어쨌든 나는 그것을 하고 있어." 라고 말합니다. 그들은 어떤 힘에 붙들려 있는데, 그것이 바로 사탄의 힘입니다.

우리가 그리스도께 오기 전에는 우리 모두는 진노의 자녀였고, 우리들의 모든 삶의 방식은 육체와 마음의 원하는 것들을 충족시키는 데 사용되었습니다(에베소서 2:3 참조). 우리가 선택할 수 있는 유일한 것은 어떤 방식으로 육체의 종이 될 것인가였습니다. 우리는 자유로운 도덕적 행위자가 아니었습니다. 죄로부터 돌아설 능력이 없었기에 우리는 불경건함의 한 가지 형태를 또 다른 형태로 바꿀 수는 있었지만, 의로운 삶을 살아갈 능력은 없었습니다. 이러한 지독한 조건에서는 자유를 찾아볼 수 없습니다.

이는 그리스도 예수 안에서 우리에게 주어진 영광스러운 자유와 얼마나 대조적인지 모릅니다! 하나님의 사랑과 용서를 받은 자로서 우리는 육체의 지배로부터의 자유를 부여받았습니다. 우리는 더 이상 자신의 육체의 욕심에 따르는 노예로 살아갈 필요가 없습니다. 우리는 죄로부터 돌아서서 하나님을 섬기고 경배할 수 있는 능력을 부여받았습니다. 우리는 우리를 붙들어 매고 있던 어둠의 사슬로부터 놓임을 얻었습니다. 또한 우리는 예수 그리스도에 대한 우리의 믿음과 신뢰를 통해, 하나님께 받아들여지기 위해 율법의 기준에 따라 살아야 하는 것으로부터도 자유롭게 되었습니다. 하나님의 자녀로서 우리는 우리가 전에 알고 있었던 그 어떤 것과도 같지 않은 자유를 맛보게 된 것입니다.

우리는 그리스도 안에서 자유롭습니다. 우리의 자유의 범위가 너무 광대해서 바울은 "모든 것이 나를 위해 적법하나"(고린도전서 10:23)라고 말하고 있습니다. 이 세상의 어떤 철학도 이보다 더 넓은 범위의 윤리를 갖고 있지 않습니다. 사실상 "모든 것이 나를 위해 적법하다"고 말할 수 있는 사람이 이 세상에서 가장 자유로운 사람입니다.

그러나 바울은 또한 모든 것이 나를 위해 적법하나, "모든 것이 적절하지는 아니하며"(고린도전서 10:23)라고 말하고 있습니다. 다시 말해서, 비록 우리가 추구할 수 있고 또 우리의 구원을 위태롭게 하지 않는 자

9. 이젠 정말 자유입니다!

유의 영역이 있음에도 불구하고, 그것이 하나님과 동행하는 우리 삶의 진보와 성숙에는 방해가 될 수 있음을 말하고 있습니다. 우리는 하나님께 대한 전심을 다하는 순전한 헌신을 방해하는 자유의 영역은 피해야 합니다. 우리가 계속 자유를 누리기 위해서는, 우리로 하여금 다시 종의 멍에를 메게 하는 그 어떤 영역에서도 우리의 자유를 행사하지 않도록 조심해야 합니다.

잘못 사용된 자유

너무 많은 경우에, 사람들이 그리스도인의 자유를 잘못 이해하고 있습니다. 그들은 그리스도 안에서의 자유가 온갖 죄를 마음대로 지을 수 있는 것으로 생각하고 있습니다. 그들은 그들의 자유를 육체를 위한 기회로 사용합니다. 이것은 성경이 그리스도인의 자유에 대해 가르치는 것에 대한 총체적인 왜곡입니다. 우리의 자유는 결코 마음대로 죄를 지을 수 있는 자유가 아닙니다. 결코 죄를 지을 수 있는 면허증이 아니라는 말입니다.

그리스도 예수 안에서 우리가 부여받은 영광스러운 자유는, 무엇보다도 우리의 육체와 한 때 우리를 다스리던 육체의 지배로부터의 자유를 말합니다. 로마서 6장에서 바울은 그리스도 안에서 이 자유는 하나님을 섬기며 경배하는 자유라고 말합니다. 우리는 우리가 한 때 살았던 죄 많고 감각적인 삶을 더 이상 살지 않을 수 있는 자유를 얻은 것입니다.

에덴 동산에서 아담은 엄청난 자유를 부여받았습니다. 그는 선악을 알게 하는 나무의 실과 외에 어떤 나무에서 나는 것이든 다 먹을 수 있었습니다. 하나님은 아담이 하나님의 명령에 불순종하고 금지된 나무의 실과를 먹으므로 죄와 고통을 세상에 불러올 것을 처음부터 알고 계셨습니다. 그럼에도 불구하고 하나님은 아담이 그 실과를 먹지 못하도록 물리적으로 막지 않으셨습니다. 아담은 그의 자유를 잘못 사용했고, 오늘날 우리는 그의 선택에 따른 엄청난 결과로 고통당하고 있는 것입니다. 한 사람의 잘못된 자유 행사를 통해 죄가 세상에 들어오게 된 것입니다. 같은 방식으로, 우리도 그리스도 안에서 자유를 잘못 사용할 수 있습니다. 우리가 이 영광스러운 자유를 받아 그와 같은 방식으로 그것을 행사함으로 다시 종의 멍에를 멜 수도 있습니다. 우리는 종종 사람들이 이렇게 이야기하는 것을 들을 것입니다. "음, 나는 그리스도인으로서 자유로와. 그래서 내 육체의 충동을 만족시키며 살 작정이야. 왜냐하면 내게는 그럴 자유가 있으니까." 우리는 그렇게 하지 않을 자유도 가지고 있다는 것을 항상 기억해야 합니다. 우리는 절대로 우리의 육체를 위한 기회로, 즉 육체의 충동에 양보하기 위해 우리의 자유를 사용해서는 안 됩니다. 히브리서 12장 1절과 2절은 우리에게 다음과 같이 말합니다.

> 모든 무거운 것과 너무 쉽게 우리를 얽어매는 죄를 우리가 떨쳐 버리고 인내로 우리 앞에 놓인 경주를 달리며 우리의 믿음의 창시자요 또 완성자이신 예수님을 바라보자.

섬기는 자유

그리스도 안에서 우리의 자유를 어떻게 사용해서는 안 된다는 것이 이제 분명해졌습니다. 그렇다면 이제 진짜 질문은 자유를 어떻게 사용해야 하느냐는 것입니다. 어떻게 우리는 우리의 자유를 하나님을 경외하며 우리가 그 은혜 안에서 자라갈 수 있도록 사용할 수 있을까요? 바울은 갈라디아서 5장 13절에서 그 답을 주고 있습니다. 그는 우리의 자유를 사랑 안에서 서로를 섬기는 데 사용해야 한다고 말합니다.

> 형제들아, 너희가 부르심을 받아 자유함에 이르렀으나 오직 자유를 육신의 기회로 쓰지 말고 사랑으로 서로를 섬기라.

성경은 하나님이 겸손한 종의 자세에 두신 높은 가치를 계속해서 강조하고 우리에게 상기시켜 줍니다.

성경은 우리가 하나님의 왕국에서 정말로 큰 자가 되기를 원한다면, 먼저 섬기는 자가 되어야 한다는 것을 반복해서 상기시켜 주고 있습니다. 예수님은 소위 일컫는 지상 명령의 앞부분에서 제자들에게 굉장한 진술

9. 이젠 정말 자유입니다!

을 하셨습니다. 그분은 "하늘과 땅에 있는 모든 권능이 내게 주어졌느니라"(마태복음 28:18)고 말씀하셨습니다. 당신은 그 권세가 얼마나 대단한 것인지 상상할 수 있습니까? 온 우주의 모든 권세가 그분에게 주어진 것입니다. 별들의 불꽃을 밝히며 모든 원자들을 하나로 모으는 권세가 다 예수님께 속한 것입니다.

그런데 이러한 권세를 가지고 그분은 무엇을 하셨습니까? 우주를 흔드셨습니까? 몇 개의 새 은하수를 하늘에 펼치셨나요? 아닙니다. 예수님은 겉옷을 벗으시고 종처럼 수건을 두르신 후에 제자들의 발을 씻기셨습니다. 그분은 마지막 더러운 발목과 발가락을 다 씻기시고 나서 사실상 제자들에게 다음과 같이 요구하셨습니다.

> 내가 너희에게 행한 것을 너희가 아느냐? 그런즉 너희 주와 선생인 내가 너희 발을 씻어 주었으니 너희도 서로 발을 씻어 주는 것이 마땅하니라(요한복음 13: 12,14).

만약 당신이 지금 "하늘과 땅에 있는 모든 권능이 내게 주어졌느니라"고 말할 수 있다면, 당신은 그 권세로 무엇을 하시겠습니까? 예수님은 수건과 대야의 물을 가지고 더러운 제자들의 발을 씻기셨습니다. 우주의 모든 권세가 그분의 것이었습니다. 그 권세로 그분은 무엇을 하셨습니까? 제자들의 발을 씻기셨습니다.

우리 중에 섬기기를 원하는 사람은 거의 없습니다. 오히려 우리는 명령하고 섬김을 받기를 좋아합니다. "저것 좀 갖다 줘." "그 연장 좀 건네 줘." "네가 가야 해." 우리는 얼마나 명령하기를 좋아합니까! 그리고 그 명령대로 사람들이 하지 않으면, 우리는 매우 화가 납니다. 우리는 속상해서 입이 튀어나오지요. 우리는 다스리는 쪽에 속하기를 즐거워합니다. 그러나 하나님의 가장 큰 복을 거기에서는 찾아볼 수 없습니다. 우리는 다른 사람들을 지배하기 위해서가 아니라 사랑 안에서 서로를 섬기기 위해 자유를 얻은 사람들입니다.

물어 볼 것도 없이, 이러한 복은 우리의 마음속에서 하나님의 영의 역사를 필요로 합니다. 나의 육체는 사랑으로 누군가를 섬긴다는 생각에 반대할 것입니다. 가장 단순한 일을 요청받을 때조차도 나의 즉각적인 반응은 종종 다음과 같습니다. "물 마시고 싶으면 네가 떠다 마셔. 내가 네 종이냐?" 나의 육체는 대접받기를 좋아합니다. 그것은 섬김을 받으려고 아우성칩니다. 그러나 나는 육체에 얽매인 것으로부터 자유함을 얻었고, 따라서 지금은 다른 사람을 사랑으로 섬길 수 있습니다. 사랑으로 섬기는 일은 얼마나 큰 기쁨인지 모릅니다!

율법의 모든 것이 다음 한 구절에 함축되어 있습니다.

> 너는 네 이웃을 네 자신과 같이 사랑하라(마태복음 22:39).

사랑하는 자유

예수님이 있기 200년 전에 부처는 이렇게 말했습니다. "다른 사람이 네게 하기를 원치 않는 일은 너도 다른 사람에게 하지 않도록 하라." 그가 부정적으로 말한 것에 주목하십시오. 남이 네 코피를 터뜨리는 것이 싫으면 너도 남의 코피를 터뜨리지 말라. 이것은 부정적인 금지 명령입니다.

오늘날 이러한 부처의 충고를 황금률로 오해하는 사람들이 많이 있습니다. 그들은 그들이 하지 않는 것 때문에 그들 스스로가 의롭다고 믿고 있습니다. 그들은 이렇게 말하겠지요. "나는 사람을 다치게 한 적도 없고 죽인 적도 없어요. 아무하고나 잠을 같이 자고 다니지도 않았습니다." 그들의 삶은 너무 부정적인 면에 근거를 두고 있기 때문에 그들은 문자 그대로 아무 짝에도 쓸모가 없습니다.

그러나 예수님이 명확하게 긍정적인 용어로 이 윤리의 틀을 만드시는 것을 주의해서 보십시오. 그분은 다음과 같이 말씀하셨습니다.

9. 이젠 정말 자유입니다!

> 사람들이 너희에게 해 주기를 바라는 대로 너희도 그들에게 그와 같이 하라(누가복음 6:31).

내가 섬김을 받고 싶을 그 때에 나는 섬겨야 합니다. 내가 사랑받고 싶은 그 때에 나는 사랑해야 합니다. 내가 선물을 받고 싶은 그 때에 나는 주어야 합니다.

우리 이웃을 우리 자신과 같이 사랑하라는 말씀은, 다른 사람을 위하여 무엇인가를 창조적으로, 적극적으로, 즐거운 마음으로 행할 때, 그것의 주도권을 잡으라는 의미입니다. 황금률은 단순히 잘못을 피하는 것만이 아닙니다. 그것은 오히려 우리의 사랑을 표현할 실제적인 방법들을 적극적으로 찾는 것입니다.

예수님은 우리가 먼저 하나님을 사랑하고, 그 다음에 내가 이웃에게 대접받기를 원하는 대로 이웃을 대접하고 사랑함으로써 율법을 이룬다고 말씀하십니다. 우리는 다른 사람들이 우리 자신에 대해서 좋은 말을 해 주기를 좋아합니다. 그렇다면 우리도 그들에 대해 좋은 말을 해야 합니다. 또한 우리는 다른 사람들이 우리 자신의 실수를 눈감아 주기를 바랍니다. 그렇다면 우리도 그들에 대해 같은 자세를 가져야만 합니다.

교회에 다니는 사람들의 서로 잡아먹기

누군가 우리에 대해서 불쾌한 얘기를 할 때, 왜 우리는 즉시로 반격의 화살을 날리게 됩니까? 우리는 우리를 비판하는 자들이 그렇게 거룩한 사람들이 아니라는 취지의 말들을 합니다. "나는 단지 진실을 말하고 싶을 뿐이에요. 그 사람에 대해 말씀드릴 게 있습니다."라는 식으로 말합니다. 그리고 나면 상대편에서 우리가 한 말을 듣고 또 다시 공격을 하게 되고, 이러한 물고 뜯는 악의의 싸움은 끝없이 계속됩니다.

다른 한편, 누군가 나를 정말 좋아해서 나에 대해 좋은 이야기를 할 때, 우리는 보통 이렇게 말합니다. "그 사람은 정말 훌륭한 판단력을 지닌 사람이야. 아주 훌륭한 사람이구 말구요."

누군가 다른 사람에 대해 험담을 늘어 놓으며 그를 물고 뜯으면, 나는 그 사람을 혼내 주곤 했습니다. 그 사람이 한바탕 험담을 다 쏟아 놓으면, 그 다음에 나는 이렇게 말합니다. "그래요, 흥미로운 얘기로군요. 그런데 당신이 말하는 그분이 나의 삼촌이라는 것을 모르셨나 봅니다." 그의 어쩔 줄 몰라 하는 반응을 살피는 것은 참 재미있습니다.

바울은 우리에게 다음과 같이 경고했습니다.
> 만일 너희가 서로 물고 삼키면 서로가 서로에게 소멸되지 않도록 조심하라(갈라디아서 5:15).

만일 우리가 서로에 대해 날카롭고 파괴적이며 빈정대는 말을 함으로 서로 물고 삼키는 일을 하고 있다면, 우리는 사랑과는 정반대의 일을 하고 있는 것입니다. 슬프게도 사람과 사람 사이에서 서로를 잡아먹는 일이 벌어지고 있는 것입니다. 때로는 우리가 파괴적이고 사나운 싸움에 말려든 우리 자신을 발견하게 됩니다. 질투, 쓴 감정 그리고 싸움이 벌어지고, 머지 않아 그 교회는 자신을 먹어 치우고 말 것입니다. 우리는 서로가 서로에게 잡아먹히고 있는 것입니다.

나는 특별히 사나운 싸움 닭 종자를 배양해서 성공적으로 분양하는 한 영국 사람에 관한 이야기를 읽은 적이 있습니다. 그의 수탉들은 투계장에서 거의 무적의 싸움 닭들이었으며, 그는 열심히 노력한 대가로 얻은 그 기록과 명성을 큰 자랑으로 여겼습니다. 그는 매일 아침마다 밖으로 나가서 그 싸움 닭들을 흐뭇한 마음으로 바라보며 칭찬하였습니다. 그런데 어느 날 아침, 수탉들을 보러 나간 그는 소름이 끼치도록 깜짝 놀랐습니다. 닭장이 온통 닭털과 피와 즐비한 닭의 시체들로 어지럽혀져 있었습니다. 그가 그토록 아끼는 씨받이가 찢긴 채 죽어 있었습니다. 그는 부리나케 종업원을 불러 도대체 무슨 일이냐고 물었습니다. "누가 멍청한 이 사나운 종자들을 한 닭장에 두었느냐?" 그가 벼락같이 호통을

9. 이젠 정말 자유입니다!

쳤습니다. 그러자 그 종업원은 죽은 듯이 대답하였습니다. "제가 그랬습니다. 주인님!" "아니 왜 그런 멍청한 짓을 했단 말이냐?"라고 주인이 다그쳤습니다. 그러자 종업원이 말했습니다. "제 생각에 지금쯤이면 모든 닭들이 서로를 같은 편으로 알 거라고 생각했거든요." 그러나 정작 닭들은 너무 멍청해서 진짜 적이 누구인지를 몰랐던 것입니다.

불행하게도 우리는 교회 안에서 이러한 지혜롭지 못한 처신을 할 때가 있습니다. 우리는 종종 우리의 진짜 적이 누구인지를 잊어 버립니다. 적은 다른 교파 출신의 교인들이 아닙니다. 우리의 진짜 적은 사람들을 속임수와 죄의 노예로 얽어매는 어두움의 권세입니다. 우리는 스스로를 파괴하는 경쟁 의식을 버리고, 하나님 왕국의 공통된 선을 위해 다함께 일하기 시작해야 합니다. 우리가 서로 물고 삼키면 피차 멸망하게 될 것입니다. 어느 날 우리는 피범벅이 되어 다 망가진 교회를 발견하게 될 것이고, 세상은 "저것 봐, 저게 바로 네가 믿는 기독교야!"라고 비난할 것입니다.

교회 역사의 많은 부분이 서로를 물고 삼키며 피차 멸망하는 데 그 세월을 보낸 것은 얼마나 비극적인 일인지 모릅니다. 우리는 사람들을 부당하게 분류하거나 다른 교파나 교회에 속한 사람들을 멸시하는 일에 너무 지나치게 열중합니다. 하나님 왕국의 발전을 위해서 이것보다 더 비생산적인 일은 없을 것입니다.

우리는 그리스도 안에 있는 남녀 성도로서 성령 안에서, 즉 사랑과 용서와 친절함의 영 안에서 행할 필요가 있습니다. 우리는 그분의 은혜와 능력 주심을 기다리며 주님을 바라보아야 합니다. 이것은 선택 사항이 아니라 필수입니다. 물밀 듯이 밀려오는 파괴적인 생각들을 물리치고, 우리와 뜻을 같이 하지 않는 사람들 안에서도 좋은 점과 칭찬할 만한 점들을 볼 줄 아는 힘이 필요합니다. 이런 힘을 우리가 주님 외에 다른 어디에서 얻을 수 있겠습니까?

자유에 따르는 책임

자유에는 큰 책임이 따릅니다. 항상 그렇습니다. 자유의 대가는 영원한 불침번이라고 누군가는 말했습니다. 우리는 우리의 자유를 유지하기 위해 항상 경계해야 합니다. 왜냐하면 자유는 잃어 버리기가 너무 쉬운 것이기 때문입니다.

당신의 육체를 만족시키기 위해 당신의 자유를 잘못 사용하지 않도록 주의하십시오. 맞습니다. 우리는 그리스도 안에서 우리가 선택하는 대로 행동할 수 있는 자유가 있습니다. 네, 맞습니다. 하나님은 몇 가지 의심스러운 일 때문에 당신의 영혼을 지옥으로 보내지는 않으실 것입니다. 그렇다 하더라도, 당신 자신에게 물어 보십시오. '그것이 나를 주저앉히고 있는가?' '그것이 목표를 향해 가는 나의 진로를 방해하고 있는가?'

나의 삶의 주요한 목표와 소원은 그리스도 안에서 발견되고 온전해지는 것입니다. 바울은 이렇게 말했습니다.

> 경주할 때에 달리는 자들이 다 달릴지라도 한 사람이 상을 받는 줄을 너희가 알지 못하느냐? 너희도 상을 받도록 이와 같이 달리라(고린도전서 9:24).

나는 그리스도 예수님 안에서 하나님의 높은 부르심의 상을 받으려고 푯대를 향해 밀고 나아가려고(빌립보서 3:14 참조) 합니다.

> 그러므로 이렇게 큰 구름 같은 증인들이 우리를 둘러싸고 있으니 모든 무거운 것과 너무 쉽게 우리를 얽어매는 죄를 우리가 떨쳐 버리고 인내로 우리 앞에 놓인 경주를 달리며 우리의 믿음의 창시자요 또 완성자이신 예수님을 바라보자(히브리서 12:1,2).

나는 어떤 것도 나를 주저앉게 하기를 원치 않습니다. 나는 어떤 것도 나의 영적인 삶의 진보를 방해하기를 원치 않습니다. 누군가 내게 이렇게 묻겠지요. "그렇지만 목사님, 그것에는 아무 문제가 없어요. 그리스도인도 그것을 할 수 있다구요." 물론, 할 수 있지요. 그러나 그것이 목표를 향해 달리는 그의 진로를 방해할 수도 있습니다! "모든 것이 내게 적법하나 모든 것이 적절한 것은 아니며"(고린도전서 6:12). 어떤 합법적인

9. 이젠 정말 자유입니다!

일들은 나를 망가뜨리고 예수님과 나의 관계를 해치기도 합니다.

> 모든 것이 나를 위해 적법하나 내가 어떤 권능 아래에도 놓이지 아니하리라(고린도전서 6:12).

만약 내가 자유롭게 남아 있어야 한다면, 나는 그 권세 아래로 나를 끌고 갈 수 있는 그 어떤 것을 추구하는 데 나의 자유를 쓰지 않도록 주의해야 합니다. 일단 그 권세에 한 번 빨려들어 가면, 나는 더 이상 자유롭지 않습니다. 만일에 내가 나를 잡고 놓아 주지 않는 어떤 활동 영역에서 나의 자유를 행사하기 원한다면, 나는 더 이상 자유롭지 않습니다. 나는 나의 자유를 어리석게 행사하고, 그로 인해 다시 종의 멍에를 메게 됩니다. 그렇게 되면 더 이상의 살 길은 없습니다.

감사하게도, 우리는 그리스도 안에서 자유함을 얻었습니다! 감사하게도 우리는 그 자유를 유지하는 데 필요한 모든 자원을 부여받았습니다! 참으로 자유롭다는 것이 무엇을 의미하는지를 말로는 다 표현할 수 없습니다.

우리가 자유롭게 사랑하고, 자유롭게 섬기고, 자유롭게 서로의 최고의 유익을 추구할 수 있도록 주님이 도와주시기를 기도합니다. 그럴 때, 비로소 우리는 하나님의 크신 은혜의 자유 안에서만 맛볼 수 있는, 비교할 수 없는 기쁨을 마음껏 누릴 수 있게 될 것입니다.

10
은혜

그들이 제멋대로 살지 않을까요?

많은 사람들은 하나님의 은혜가 죄 많은 삶으로 이어질 것이라는 근거 없는 두려움을 가지고 있습니다. 그들은 만일 하나님이 행위로 심판하시지 않고 그리스도에 대한 믿음으로 심판하신다는 것을 믿는 자들이 깨닫게 되면, 그들이 제멋대로 살게 될 것이라고 생각합니다. "목사님, 잠깐만요"라고 하면서 사람들은 의문을 제기합니다. "이런 식으로 문을 활짝 열어 놓게 되면, 사람들은 온갖 나쁜 짓과 악한 일은 다 하면서, '하나님의 은혜가 내가 행한 모든 일을 덮어 주신다'고 합리화하려 들 텐데요."

이러한 의문을 제기하는 것은 새로운 일이 아닙니다. 바울이 이방인들 가운데 은혜의 복음을 선포하자, 그것은 유대인들로부터 즉각적인 항의를 불러일으켰습니다. 그들은 이방인들에게 그러한 자유가 부여되면 그들의 삶이 비뚤어질 것이라고 생각했습니다. 베드로도 바울이 전한 복음이 잘못 해석될 수 있는 위험이 있다는 것을 알았고, 그의 서신에서 다음과 같이 말했습니다.

> 우리가 사랑하는 형제 바울도 자기가 받은 지혜대로 너희에게 이같이 썼고 또 그의 모든 서신에서도 이것들에 관해 그 안에서 말하였으되 그 안에 깨닫기 어려운

것이 더러 있으므로 배우지 못하여 불안정한 자들이 다른 성경 기록들과 같이 그 것들도 왜곡하다가 스스로 파멸에 이르느니라(베드로후서 3:15,16).

불행하게도, 하나님의 말씀을 본문의 내용과 다르게 잘못 해석하여, 스스로 멸망에 이르는 사람들이 언제나 있었습니다. 그들은 바울의 복음을 방탕한 죄의 삶을 사는 구실로 사용했습니다. 그러나 복음은 절대로 그런 식으로는 제대로 이해될 수 없습니다.

당신은 죽었습니다!
로마서 5장에서 바울은 은혜를 통한 하나님과 우리의 관계를 강하고 화려한 용어로 잘 설명하고 있습니다. 20절에서 그는 이렇게 진술합니다.

> 죄가 넘친 곳에 은혜가 더욱 더 넘쳤나니.

그리고는 6장 1절에서 다음과 같이 말하는 사람들이 있을 것이라고 가정합니다. "자, 그렇다면 은혜가 더욱 풍성해지도록 나가서 많은 죄를 범하자! 하나님의 풍성하신 은혜가 참으로 놀랍도다! 그 은혜가 더욱 넘치도록 기회를 만들자!" 이에 대해 바울은 다음과 같이 변론합니다. "죄에 대하여 죽은 우리가 어찌 그 가운데서 더 살리요?" (로마서 6:2) 이 바울의 변론은 그리스도인의 삶에 중요한 열쇠를 가지고 있습니다.

내가 은행 강도를 하다가 붙잡혔다고 가정합시다. 나는 감옥으로 보내지고 재판을 받게 됩니다. 몇 주 후에 배심원들이 평결을 냅니다. "우리는 그가 유죄라고 평결합니다." 그러면 판사는 선고 판결 날짜를 지정합니다. 나는 권총도 사용했고, 천장에 공포도 쐈고, 은행원도 협박했기 때문에 한 5년 정도의 감옥형을 받게 되겠지요. 마침내 선고 판결 날짜가 되어 언도를 받기 위해 나는 판사 앞에 서게 됩니다.

법은 본연의 일을 했습니다. 그것은 죄인을 체포해서 심판했습니다. 나는 법정에 들어서고, 판사는 "피고는 일어서시오"라고 말합니다. 내가 일어서면 판사는 "재판부는 피고에게 유죄를 선고하며, 교도소 5년 형을 언도한다"라고 말합니다. 그 때 내가 충격을 받아 심장 마비로 그 자리에

10. 그들이 제멋대로 살지 않을까요?

서 쓰러져 죽습니다.

그러면 법정은 내 시체를 5년 동안 감옥이라는 곳에 가두어 두나요? 아닙니다. 나의 죽음이 법의 정죄함으로부터 그 즉시 나를 자유롭게 하는 것입니다. 나에 대한 판결은 더 이상 나에게 힘을 행사할 수 없습니다. 그것은 내가 죽은 사람이기 때문이지요.

이것이 바로 바울이 예수 그리스도에 대한 믿음을 통해 하나님 앞에서 의롭다함을 얻고, 그분의 영광스러운 은혜 아래에서 사는 우리들과 같은 사람들에 관해 말한 것입니다. 우리는 더 이상 육체를 따라 살지 않습니다. 우리의 옛 사람은 죽었습니다. 율법은 우리에게 사형을 언도했습니다. 우리가 그리스도와 함께 십자가에 못 박혔을 때, 율법의 요구는 다 이루어진 것입니다. 나와 당신의 옛 사람은 십자가에 못 박혔습니다. 이제 옛 사람이 죽었는데, 어떻게 우리가 죄 가운데 조금이라도 살 수 있단 말입니까? 우리는 바로 그 옛 삶에 대해 죽은 것입니다.

바울은 이렇게 기록합니다.

> 내가 그리스도와 함께 십자가에 못 박혀 있으나 그럼에도 불구하고 사노라. 그러나 내가 아니요 그리스도께서 내 안에 사시느니라(갈라디아서 2:20).

우리는 더 이상 이기적인 옛 사람의 삶을 살지 않습니다. 자기 중심적인 삶은 끝났습니다. 더 이상 우리는 육체를 따라 살지 않습니다. 우리는 이제 율법으로부터 자유로우며, 죄의 본성으로부터 자유로우며, 무서운 죄책감으로부터도 자유롭습니다. 왜냐하면 우리의 옛 사람인 죄의 사람이 예수 그리스도와 함께 십자가에 못 박혔기 때문입니다. 이제 우리는 예수님을 신뢰함으로 하나님을 따라 살고 있는 것입니다.

죽었으면 죽은 사람처럼 행동하십시오

하나님 앞에서 우리에게 의로운 신분을 가져다 줄 수 있는 믿음은, 하나님이 행하신 일 안에서 그것을 증명해 보일 수 있는 믿음입니다. 만일 내가 하나님의 은혜를 허랑 방탕한 삶의 구실로 삼아 아직도 더럽고 부패한 옛 육체의 삶을 살고 있다면, 나는 나 자신을 속이고 있는 것입니다. 나는 진정한 하나님의 자녀가 아닙니다. 야고보서 2장 26절은, "영이 없는 몸이 죽은 것 같이 행위 없는 믿음도 죽었느니라"고 말합니다.

하나님의 영으로 난 사람은 그의 생활 방식으로 그것을 증명해 보입니다. 예수님은 이렇게 말씀하셨습니다.

> 너희는 나를 불러, 주여, 주여, 하면서도 어찌하여 내가 말하는 것들을 행하지 아니하느냐? 내게 나아와 내 말들을 듣고 그것들을 행하는 자마다 누구와 같은지 내가 너희에게 보여 주리니 그는 집을 짓되 깊이 파고 기초를 반석 위에 놓은 사람과 같도다. 홍수가 나고 물살이 그 집에 세차게 부딪치되 그 집을 흔들지 못하였나니 이는 그것을 반석 위에 세웠기 때문이라. 그러나 듣고도 행하지 아니하는 자는 기초 없이 흙 위에 집을 지은 사람과 같으니 물살이 그 집에 세차게 부딪치매 집이 곧 무너져 그 집이 크게 파괴되었느니라, 하시니라(누가복음 6:46-49).

사도 요한은 이렇게 말했습니다.

> 우리가 그분의 명령들을 지키면 이로써 우리가 그분을 아는 줄 우리가 아느니라. 내가 그분을 아노라, 하면서 그분의 명령들을 지키지 아니하는 자는 거짓말하는 자요 진리가 그 속에 있지 아니하되(요한일서 2:3,4).

그리고 그는 같은 서신에서 두 번이나 하나님께로서 난 자마다 범죄하지 못한다고 말하고 있습니다(요한일서 3:9와 5:18 참조). 하나님의 은혜를 헛되게 하지 마십시오. 예수 그리스도를 당신의 구주와 주님으로 믿고 신뢰하며, 그 관계의 새로움 안에서 걸으십시오.

하나님을 사랑하고 그 다음에 하고자 하는 것을 하십시오

이 시점에서 어떤 사람은 이렇게 묻겠지요. "아니, 우리의 선행이 우리를 구원하는 것이 아니라면, 무엇이 우리로 하여금 담배 피우는 것, 술 마시며 떠드는 것, 누추한 술집에 드나드는 것 등을 하지 않도록 지켜 주나요?" 우리는 이러한 일들을 할 수 없는 것이 아니라 하고 싶은 마음이 없는 것입니다. 그리스도의 사랑이 그분을 기쁘시게 하는 삶을 살도록 나를 강권하는 것입니다. 그분의 사랑의 선하심을 맛보고 나니까 그

10. 그들이 제멋대로 살지 않을까요?

분으로부터 멀어지는 것이 싫은 것입니다. 주님이 나를 사랑하시고 내가 주님을 사랑하므로 나는 가능한 한 예수님께로 더 가까이 가기를 원하는 것입니다. 나는 그분을 욕되게 하는 어떤 일도 하고 싶지 않습니다.

얄궂게도 나는 율법보다 은혜 아래에서 훨씬 더 올바른 삶을 살고 있습니다. 율법적인 관계에서는 나는 항상 한계를 넘지 않으려고 애씁니다. 나는 항상 내가 하는 일이 옳은지 그른지를 확인하려고 노력합니다. 나는 항상 빠져나갈 구멍만 찾습니다. 나는 내가 하는 일을 합리화하고 정당화합니다. 나는 법적인 한계선에 따라, 아니 그보다 조금 더 벗어난 선에 맞추어 살아갑니다.

하나님과의 사랑의 관계는 그것과는 사뭇 다릅니다. 나는 더 이상 어떤 일이 옳고 그른지를 따지지 않습니다. 오히려 나는 다음과 같이 묻고 있는 나 자신을 발견합니다. '이 일이 하나님을 기쁘시게 할까? 나는 그분을 사랑하고, 그분을 기쁘시게 해 드리고 싶어. 그분이 나를 무척 사랑하시는데, 그분의 마음을 상하게 하고 싶지 않아. 내가 이 일을 하면 하나님이 기뻐하실까?' 때때로 율법이 침묵하고 있는 부분에서조차, 지금 내가 마음먹고 있는 일을 행하면, 하나님이 슬퍼하실 것이라고 내 마음이 말해 줄 때가 있습니다.

하나님이 우리 각자와 함께 추구하기를 원하시는 것은 사랑의 관계입니다. 하나님은 당신을 율법 안에 묶어 두기를 원치 않으십니다. 그분은 사랑으로 당신을 그분께로 가까이 오도록 만들기를 원하십니다. 이것이 바로 율법을 떠나 하나님이 우리에게 부여하신 의, 곧 하나님의 은혜의 복음입니다.

우리 중에 많은 사람들은 사랑이 선함의 유일한 참된 동기임을 이해하지 못하고 있습니다. 두려움은 절대로 그리스도인의 삶에서 일차적인 삶의 원동력은 아닙니다. 나쁜 결과가 두려워서 선하게 사는 것은 참된 의가 아닙니다. 우리는 온갖 비뚤어지고 잘못된 동기들을 용의 주도한 외부적인 행동으로 감출 수 있습니다. 만약 결과에 대한 두려움이 우리를 억제하는 유일한 것이라면, 우리는 억지로 악의 모습을 금지당한 예에 불과할 뿐이며, 그것이 참된 선함은 아닙니다. 참된 선은 예외 없이 언제나 사랑이 그 동기입니다. 우리의 도덕적인 선택이 하나님께 대한 뜨거운 사랑과 그분의 마음을 근심하게 하는 어떤 일로부터 피하려는 마음에서 비롯된 것이라면, 우리는 의로움에 대한 참된 동기를 가진 것입니다.

성령의 열매는 사랑이며, 사랑의 가장 두드러진 특징들 가운데 하나가 바로 선함입니다. 사랑을 의식할 때 우리는 기쁨을 경험합니다. 사랑이 우리의 삶을 주도할 때, 우리는 평강을 알게 됩니다. 사랑은 언제나 오래 참음과 오래 견딤으로 표현됩니다. 사랑의 특징은 온유함과 친절함입니다. 성령이 우리 안에서 열매를 맺을 때, 율법과 같은 무거운 짐이 되는 외부적인 것들에 대한 필요는 사라지고 맙니다. 율법은 사랑에 의해 성취됩니다.

따라서 우리는 기막힌 것을 발견한 것입니다. 의로운 삶이 더 이상 우리에게 짐이 아니라 기쁨이라는 것이지요. 그것은 우리가 예수님과 사랑의 관계를 가지고 있기 때문입니다.

여전히 남아 있는 문제

우리가 하나님의 은혜를 알고 경험하는 것이 가능합니다. 우리는 예수 그리스도에 대한 믿음을 통해 의롭다함을 얻고, 하나님 앞에서의 의로운 신분에 대한 확신을 가지고 기쁨과 평강 가운데 살 수 있습니다. 이 확신은 내가 그리스도와 함께 십자가에 못 박혔다는 사실을 아는 것으로부터 옵니다. 나의 육체가 다스리던 삶은 죽었고, 이제는 예수 그리스도의 영이 다스리는 새로운 삶을 사는 것입니다. 나는 새로운 본성을 가졌는데, 그것은 예수 그리스도의 본성입니다.

그런즉 누구든지 그리스도 안에 있으면 그는 새로운 창조물이라. 옛 것들은 지나

10. 그들이 제멋대로 살지 않을까요?

갔으니, 보라, 모든 것이 새롭게 되었도다(고린도후서 5:17).

이것은 믿을 수 없을 정도로 우리를 진정 자유케 하는 진리입니다.

그러나 나는 여전히 문제를 가지고 있습니다. 나는 여전히 이 몸 안에 있고, 이 몸 안에 있는 한 나는 육체의 욕구의 강력한 힘에 끌려 다니게 됩니다. 그래서 내 속에서는 아직도 전쟁이 계속되고 있습니다. 육체는 총을 들이대고 쏘아 대기 시작합니다. 나의 육체, 나의 옛 사람은 죽었습니다. 그러나 그것은 마치 내가 이 옛 사람의 시체를 늘 끌고 다녀야만 하는 것과 같습니다. 나는 샘 맥기(Sam McGee: "샘 맥기의 화장"이라는 시의 등장 인물-편집자 주)의 친구와 같은 사람입니다. 그는 제거할 수 없었던 반쯤 숨겨진 시체와 함께 살았습니다.

성경은 나의 영은 구속을 받았지만 나의 몸은 아직 구속받지 못했다는 것을 명확하게 구분하고 있습니다. 이 사실을 기억하는 것은 매우 중요합니다. 바로 이것이 엄청난 갈등을 불러일으키기 때문이지요. 바울은 로마서에서 이렇게 선언합니다.

> 또 전체 창조물이 지금까지 함께 신음하며 고통 중에 산고를 치르는 줄을 우리가 아나니 그들뿐 아니라 우리 자신 곧 성령의 첫 열매를 소유한 우리까지도 속으로 신음하며 양자 심으심 즉 우리 몸의 구속을 기다림은(로마서 8:22-23).

우리는 우리 육체의 연약함 때문에 얼마나 자주 하나님 앞에서 탄식하고 우는지 모릅니다!

예수님이 겟세마네 동산에서 기도하신 후에, 그분은 제자들에게 오셨고 그들이 잠들어 있는 것을 발견하셨습니다. 그분은 베드로에게 말씀하셨습니다.

> 시몬아, 네가 자느냐? 네가 한 시간도 깨어 있을 수 없었느냐? 너희가 시험에 빠지지 않게 깨어 기도하라. 참으로 영은 준비되어 있으나 육이 약하도다(마가복음 14:37,38).

이보다 더 옳은 말씀은 없습니다. 나의 마음은 원이로되 육신은 연약함니다. 나는 탄식과 고통 가운데 이렇게 부르짖습니다. "오, 하나님, 이 부패한 몸으로부터 빨리 건져 주소서!" 나는 이 낡은 옛 사람의 시체를 없애기를 간절히 원합니다.

언젠가 우리 모두는 우리의 타락한 본성으로부터 해방될 것입니다. 성경은 이렇게 말하고 있습니다.

> 이 썩을 것이 반드시 썩지 아니함을 입고 이 죽을 것이 반드시 죽지 아니함을 입으리로다. 그리하여 이 썩을 것이 썩지 아니함을 입고 이 죽을 것이 죽지 아니함을 입을 때에는 기록된바, 사망이 승리 가운데서 삼켜지리라, 하신 말씀이 성취되리라. 오, 사망아, 너의 쏘는 것이 어디 있느냐? 오, 무덤아, 너의 승리가 어디 있느냐? 사망의 쏘는 것은 죄요, 죄의 힘은 율법이니라. 그러나 우리 주 예수 그리스도를 통하여 우리에게 승리를 주시는 하나님께 감사하노라(고린도전서 15:53-57).

한편, 우리는 모든 것을 잃은 것은 아닙니다. 내가 약해질 때, 성령님은 나에게 확신과 능력을 주셔서 내 마음은 다시금 주님께로 향하게 됩니다. 나는 그분의 도움과 힘을 구하지요. 그리고 그분의 승리를 맛보기 시작합니다. 나는 주님이 원하시는 삶을 살기 위해서는 날마다 예수 그리스도의 힘과 능력을 의지해야만 한다는 것을 깨닫습니다. 중립적인 위치에 서서 순조롭게 나아갈 수는 없습니다. 그렇게 하는 순간, 육체가 일어나서 능력과 권세를 강탈하기 시작합니다. 나는 나의 욕구들을 억제시켜야만 합니다. 그렇지 않으면 그것들이 나를 다스리게 될 것입니다. 바울은 다음과 같이 말하고 있습니다.

> 오직 내가 내 몸을 억제하여 복종시킴은 내가 다른 사람들에게 복음을 선포한 후에 어떤 방법으로든 내 자신이 버림을 받지 않게 하려 함이라(고린도전서 9:27).

만약 내가 방심하여 다시 육체에게 내 자신을 내어 주었다면, 그것은 더 이상 내게 구원이 없다는 뜻인가요? 처음부터 다시 구원을 받아야 하는 것인가요? 아닙니다. 나는 여전히 예수 그리스도를 믿습니다. 여전히 주님을 사랑합니다. 의를 위해 내가 책임을 져야 하는 것은 여전히 나의 믿음뿐입니다. 나의 육체가 계속해서 나를 지배할 수 없게 하는 것은 정확하게 나의 믿음과 그리스도 안에서의 나의 새로운 삶 때문입니다.

10. 그들이 제멋대로 살지 않을까요?

비록 내가 구덩이에 잠시 빠질지라도, 나는 거기에 계속 머무를 수는 없습니다. 하나님은 내가 그러한 상태에 머물러 있는 것을 허락하지 않으십니다. 그분은 내가 하고 싶은 일들을 하면서 적당히 넘어가도록 놔 두지 않으십니다. 다른 모든 사람들이 다 하고 있는 일인데도 말입니다. 그들은 그것을 해도 되고, 적당히 넘어갈 수도 있습니다. 그러나 나는 그럴 수 없습니다. 그분은 내가 그렇게 하지 않도록 조치하실 것입니다. 만일에 내가 세속적인 방법들을 따라 살면서 '경쟁 사회'의 군중들이 하는 온갖 일들을 하면서 살려고 한다면, 나는 그것에 실패하고 그것을 증오하거나 아니면 거기에 사로잡히게 될 것입니다. 하나님은 우리를 사랑하시고 우리는 그분의 자녀이기 때문에 우리는 세상 사람들이 하는 것처럼 적당히 죄를 지으며 살아갈 수 없습니다.

기준이 전혀 없습니까?

어떤 사람은 여전히 다음과 같이 생각할 것입니다. 그러니까 만약 우리가 은혜 아래 있다면, 우리는 개인의 행동에 대한 하나님의 기준을 무시해도 되나요? 절대 그렇지 않습니다. 하나님과 우리의 새로운 관계 안에서 우리는 하나님의 능력의 원동력과 성령의 내주하심을 받았습니다. 그리스도 안에서 우리는 하나님의 사랑과 거룩하심과 조화를 이루며 살기 원하는 새로운 본성을 받았습니다. 성령의 능력을 통해 우리는 더 이상 옳은 일을 하기 위해 긴장하고 애쓸 필요가 없습니다. 이것이 바로 요한이 요한일서 5장 3절에서 말하고 있는 것입니다.

> 우리가 그분의 명령들을 지키는 것, 이것이 곧 하나님을 사랑하는 것이니라. 그분의 명령들은 무겁지 아니하니라.

우리 안에 계시는 하나님의 임재하심이 우리로 하여금 의로운 것을 선택하고 악을 멀리 할 수 있는 능력을 부어 주십니다.

고전 문학을 읽어 본 사람들은 율리시즈(Ulysses)의 이야기를 잘 아실 것입니다. 이 고대의 탐험가는 여행 중에 사이렌(sirens)의 섬에 관한 이야기를 듣게 됩니다. 이 섬의 요정들인 사이렌들이 간장을 녹이는 아주 아름다운 노랫소리로 지나가는 선원들을 유혹하면, 누구나 배를 돌려 그 섬으로 달려가다가 암초에 부딪히고 만다는 것입니다. 이 사이렌들의 노래를 듣고 살아남은 사람이 아무도 없었지요. 이 이야기는 율리시즈와 같이 모험을 좋아하는 대담 무쌍한 사나이에게는 구미가 당기는 것이었습니다. 그는 이 노랫소리를 듣고도 살아남는 첫 번째 사람이 되기로 결심합니다.

그의 목표를 달성하기 위해 율리시즈는 선원들의 귀를 밀초로 막아 버리고, 자신을 돛대에 단단히 붙들어 묶게 하였습니다. 그들이 사이렌들의 섬을 지나갈 때 드디어 선정적인 음악이 시작되었습니다. 율리시즈는 로프를 끊고 그 섬으로 헤엄쳐 가려고 발버둥쳤습니다. 그는 선원들에게 뱃머리를 바위를 향해 돌리라고 욕설을 퍼부었으나, 그들의 귀는 밀초로 막혀 있어서 그의 고함 소리를 들을 수가 없었습니다. 율리시즈는 배가 그 지역을 벗어나 안전 지대로 들어갈 때까지 묶인 몸을 풀어 보려고 애를 썼습니다. 이렇게 해서 율리시즈는 사이렌들의 노랫소리를 듣고도 살아남은 사람이 되었습니다. 그러나 그 후로 줄곧 그는 그 노랫소리에 대한 기억 때문에 악몽에 시달려야 했습니다.

그리스 신화는 이 섬을 지나가고도 살아남은 또 하나의 배에 대해서도 말해 줍니다. 그 배의 선원들이 간장을 녹이는 노랫소리에 끌려 가다가 암초에 부딪히는 재앙을 만나기 직전, 선원 중에 올페우스(Orpheus)라는 음악에 소질이 있는 사람이 수금을 들고 타기 시작했습니다. 올페우스의 음악이 사이렌들의 노랫소리보다 훨씬 더 훌륭했기 때문에 선원들은 섬으로 가려던 배의 방향을 돌려 안전한 곳으로 빠져나갈 수 있었습니다. 새로운 절묘한 멜로디에 도취되어서 생명을 구할 수 있었던 것입니다.

유혹에 직면할 때 우리들은 대부분 율리시즈처럼 하든지, 아니면 올페우스처럼 하든지 둘 중 하나입니다. 어떤 사람들에게는 세상의 노랫소리

10. 그들이 제멋대로 살지 않을까요?

가 거의 저항할 수 없는 매력을 가집니다. 그들은 율법으로 자신을 단단히 묶지만, 육체의 힘이 그들을 유혹할 때에는 그들은 율법에 저항하며 발버둥치게 되지요. 그들의 유일한 소망은 오직 그들을 붙들어 매고 있는 율법 안에 있는 것입니다.

그러나 새로운 노래를 들은 사람들이 있습니다. 이 노래는 그들의 마음 속에서 들리는 하늘의 음악입니다. 그들은 예수 그리스도의 사랑이 너무 강하고 만족스러워서, 비록 세상이 여전히 매력적일지라도 그들은 기꺼이 그것을 뒤로 하여 그분의 아름다운 임재 가운데로 강하게 이끌리게 된다는 것을 발견합니다. 그들은 묶이거나 붙들어 매일 필요가 없습니다. 그들은 그들을 억제시키는 밧줄에 저항하며 발버둥치지 않습니다. 그들은 친밀한 교제 가운데 하나님과 동행하는 영광을 발견한 사람들입니다.

이러한 그리스도 안에서 하나가 되는 기쁨은 세상이나 육체가 주는 어떤 것보다도 월등합니다. 죄의 매력과 유혹은 그 힘을 잃고 맙니다. 이러한 종류의 만족을 발견한 사람들에게는 율법이 필요하지 않습니다. "자, 이웃 사람의 머리를 후려갈기면 안 됩니다" 라는 법에 노예처럼 따라가는 것 대신에, 그들은 이제 더 이상 그럴 마음이 없습니다. 왜냐하면 그들의 마음이 하나님의 사랑으로 감동을 받았기 때문입니다. 그들은 단지 그들의 이웃이 구원받는 것을 보기를 원할 뿐입니다.

바로 며칠 전, 나는 이 원리가 실행에 옮겨지는 것을 경험했습니다. 내가 갈보리 채플 근처의 복잡한 길을 차로 달리고 있을 때, 차 한 대가 갑자기 내 앞으로 끼어드는 바람에 급하게 브레이크를 밟았습니다. 자그마한 회색 머리의 노파가 그 차를 운전하고 있었습니다. 그녀는 저를 보지 못했고, 또 그녀가 거의 받을 뻔했던 다른 많은 사람들도 보지 못했습니다. 다른 운전자들이 정신을 바짝 차리지 않았더라면, 아주 큰 사고가 날 뻔했지요. 나는 그녀가 너무 어처구니 없이 운전하는 것을 보고, 나도 모르게, "주님, 저 노파가 집까지 안전하게 갈 수 있도록 도와주세요!" 라고 기도하게 되었습니다. 나를 아는 사람들은 아마도 그런 상황에서 내가 취한 그러한 태도는 거의 기적에 가깝다고 말할 것입니다. 예수 그리스도를 통해 얻은 하나님과의 사랑의 관계가 우리의 삶에 가져다 주는 변화를 경험하는 것은 참으로 영광스러운 일입니다.

변함 없는 사랑
그리스도로 말미암아 우리는 하나님과 진정으로 하나가 됨을 경험할 수 있습니다. 하나님은 어느 때는 우리와 가까이 계시다가, 또 어느 때는 멀리 계시지 않습니다. 비록 우리가 실패하기도 하고 여러 면에서 아직 연약하지만, 하나님은 우리의 변화 무쌍한 태도와 기분에 따라 변하시지 않습니다. 하나님과 우리의 관계는 우리 자신이나 우리의 행위에 기초를 두지 않기 때문에 꾸준하고 안전합니다. 우리의 관계는 우리를 대신해서 예수 그리스도께서 하신 일에 근거를 두고 있습니다. 그분은 믿음을 통한 우리의 구원을 실현하시기 위해 우리의 죄를 지고 우리 대신 죽으셨습니다. 우리는 하나님이 내가 착할 때만 사랑하시고 나쁠 때는 물리치신다고 생각하는 사고 방식을 버려야 합니다.

나는 나의 손녀에게 꽤 자주 전화를 겁니다. 아침에 전화를 걸어서 잘 있느냐고 안부를 묻기 좋아하지요. 어떤 때는 내가 전화를 걸면, "오늘은 참 기분이 나쁘고 불쾌해요, 할아버지!" 라고 말할 때가 있지요. 그 아이가 그렇게 말한다고 내가 그 아이를 덜 사랑할까요? 그 아이는 자기의 기분이 언짢다는 것을 알고 있습니다. 그러나 그것이 그 아이에 대한 나의 사랑을 조금도 바꾸어 놓지 않습니다. 그 아이가 상냥한 어린 천사처럼 말한다고 해서 내가 그 아이를 더 사랑하는 것도 아닙니다. 나는 그 아이를 그냥 사랑하는 것입니다. 나는 그 아이의 까다로움도 사랑하고, 그 아이의 상냥함도 사랑합니다.

하나님도 이와 같은 방식으로 우리를 바라보십니다. 우리가 기분이 나

10. 그들이 제멋대로 살지 않을까요?

쁘고 불쾌할 때는 이렇게 생각하는 경향이 있습니다. '오늘은 하나님이 나를 사랑하실 수 없을 거야. 나도 내 자신을 사랑할 수 없는 걸. 나는 불행한 사람이야. 어느 누구도 내 주변에 오지 않았으면 좋겠어.' 또 우리가 어떤 일에 실패했을 때도, 우리는 하나님이 우리를 사랑하시지 않을 것이라고 생각합니다. 그러나 그렇지 않습니다. 만일 하나님 앞에 의롭게 서는 것이 우리의 행동 실적에 근거한 것이라면, 예수 그리스도께서 결코 우리를 위해 죽으실 필요가 없었을 것입니다.

예수님이 우리의 믿음을 의로 여겨 주실 때, 그분은 우리에게 아름답고 안정감 있는 그분과의 관계를 제공하십니다. 그분은 우리에게 "어서 와 앉아. 내가 너를 도와주마! 내가 너를 강하게 붙들어 줄게"라고 말씀하십니다.

하나님은 당신을 사랑하십니다. 당신은 하나님께 너무 귀하고 사랑스러운 존재이기 때문에 그분은 당신을 선택하시고 부르시고 영원히 그분의 자녀로 삼아 주신 것입니다. 그것이 바로 하나님의 은혜가 내 마음대로 사는 삶으로 이어지지 않는 이유입니다. 죄 가운데 사는 것보다 우리 주님 안에 사는 것이 훨씬 더 무한한 기쁨을 가져다 줍니다.

11

은혜

위장 폭탄과 지뢰

추수를 하고 난 땅에는 언제나 떨어진 이삭을 줍기 위해 달려들어 갈 만반의 준비를 하고 서 있는 사람들이 있는 것 같습니다.

갈보리 채플 주차장에서 우리는 종종 괴상한 교리를 주장하는 전단을 배포하는 사람들을 발견합니다. 어떤 때는 교회 차도에 서서 들어오는 교인들에게 교리적인 시빗거리를 던지는 사람들도 보게 됩니다. 그러면 우리는 항상, "왜 교회에 와서 전단을 뿌리는 거예요?" 라고 묻지요. 만일 우리가 특별한 행사를 계획하고 그것을 알리기 위해 전단을 뿌린다면, 우리는 교인들을 바닷가나 쇼핑 센터로 보내지 다른 교회로 보내지는 않을 텐데 말입니다! 왜 다른 교회에 가서 이미 그곳에서 자리 잡고 있는 사람들을 끌고 가려고 애쓸까요?

만일 다른 사람도 이해하고 믿어야 할 중요한 교리를 당신이 가지고 있다면, 우리를 개종시키려고 애쓰기보다는 그 진리가 어떻게 당신의 삶을 예수 그리스도의 형상으로 변화시켰는지를 우리로 하여금 볼 수 있게 해 주는 것이 훨씬 더 낫지 않겠습니까? 그 진리가 당신의 삶 가운데서 입증되는 것을 보여 주십시오. 우리가 당신의 영광스러운 헌신과 주님과의 친밀한 동행을 보게 될 때, 우리는 자연스럽게 당신에게 어떻게 된 일인가를 물을 것입니다. 왜냐하면 당신은 우리가 필요로 하는 무엇인가를 가지고 있기 때문입니다.

슬픈 것은 사람들이 절대로 그렇게 하는 것으로 만족하지 않는다는 것입니다. 그들이 또 다른 신념을 위해서는 그리스도의 몸을 찢어도 된다는 거룩한 소명을 하나님께로부터 받았다고 생각하는 것은 정말이지 비극입니다. 그것이 바로 신약 성경이 거짓 선생들과 그들의 교활하고 그럴듯한 수작에 대한 경고와 권면으로 가득한 이유입니다.

구원은 확신할 수 있습니다

모든 이단은 그리스도의 복음을 왜곡시킵니다. 보통 그들은 행위와 행위와 연관된 의를 매우 강조합니다. 만약 이러한 이단에 빠진 사람에게 그들이 거듭났는가를 물으면, 상당히 자주 그들은 다음과 같이 반응할 것입니다. "형제여, 당신은 죽기 전에 그것을 알 수는 없습니다. 왜냐하면 마지막으로 당신이 해야 할 일이 무엇인지 모르기 때문이지요." 아니 죽어서야 알게 된다면 그것은 너무 무서운 일이 아닌가요?

하나님은 우리가 우리의 구원을 확신하기를 원하십니다. 그리고 만약 우리가 예수 그리스도와 그분의 사역을 의지한다면, 우리는 구원의 확신을 가질 수 있습니다. 만일 우리의 구원이 행위에 기초를 둔다면, 구원의 확신은 우리의 손이 닿지 않는 곳에 있습니다. 만일 우리의 구원이 교리나 행위의 체계에 대한 신실함에 기초를 둔다면, 우리는 우리가 죽을 때까지는 우리의 영원한 운명을 알 수 없을 것이며, 결국 그것은 너무 늦을 것입니다. 그러나 만일 우리의 구원이 예수 그리스도와 그분의 사역에 대한 믿음에 기초를 둔다면, 우리는 우리의 구원을 확신할 수 있습니다.

알다시피, 나는 내 행위에 대해서 확신이 없습니다. 나는 나 자신의 의에 대해서도 확신이 없습니다. 그러나 예수님의 사역과 그분의 의에 대해서

11. 위장 폭탄과 지뢰

는 확신이 있습니다. 어느 찬송시가 노래하는 것처럼 말입니다. "나의 소망은 예수님의 피와 그분의 의 위에 든든히 섰네. 이 세상 어떠한 달콤한 것보다도 온전히 예수님의 이름만 의지하겠네." 바울은 이 진리를 매우 강하게 확신한 나머지 다음과 같이 기록했습니다.

> 우리나 혹은 하늘로부터 온 천사라도 우리가 너희에게 선포한 복음 외에 어떤 다른 복음을 너희에게 선포하면 그는 저주를 받을지어다(갈라디아서 1:8).

이것은 매우 강력한 말입니다. 바울은 '아나테마' [anathema]라는 용어를 사용했는데, 이 말은 '지옥의 가장 낮은 곳으로 가는 저주'를 의미합니다.

오늘 밤 어떤 천사가 당신의 침실로 찾아온다고 가정합시다. 소리가 나는 듯해서 잠에서 깨어 일어나 보니, 7척이나 되는 천사가 광채를 발하며 침대 끝에 앉아 있는 것입니다. 그 천사는 다음과 같이 말합니다. "두려워 말라! 나는 기쁜 소식을 너에게 전하러 왔노라. 너는 특별한 사람이기 때문에 하나님은 특별한 사명을 위해 너를 택하셨다. 만약 네가 하나님을 위해 이 사명을 완수하면, 그분이 너를 구원해 주실 것이다." 당신은 이것을 어떻게 받아들여야 합니까? 한 가지 확실한 것은, 이 천사는 하나님께로부터 오지 않았다는 사실입니다. 그는 저주를 받을지어다.

성경은 구원의 길이 참으로 좁은 길이라고 가르치고 있습니다. 앞에서 언급된 바울의 말은 요즈음 상당히 인기 있는 모든 종교를 포함하는 범종교주의에 치명적인 일격을 가합니다. 이 사상을 추종하는 자들은, "자기 마음에 옳은 일이라고 생각되는 일을 하는 사람이 하나님에 의해 받아들여집니다!"라고 말합니다. 베드로도 다음과 같이 말했습니다.

> 이 분은 너희 건축자들이 업신여긴 돌로서 모퉁이의 머릿돌이 되셨느니라. 다른 사람 안에는 구원이 없나니 하늘 아래에서 우리를 구원할 다른 이름을 사람들 가운데 주지 아니 하셨느니라, 하였더라(사도행전 4:11,12).

오늘날 많은 사람들이 이렇게 반응할 것입니다. "베드로 선생, 너무 소견이 좁으신 것 아닙니까? 예수님만이 오직 유일한 길이라고요? 그것은 너무 편협합니다. 저는 그것을 따를 수 없어요." "그래요? 그럼 할 수 없지요. 저주를 받는 수밖에요." 그러면 이들은 이렇게 대꾸합니다. "그렇지만 그 말은 너무 가혹해요. 너무 편협하단 말입니다. 확신하건대, 예수님도 그보다는 도량이 더 넓으셨잖아요." 그러나 이렇게 말씀하신 분은 바로 예수님 자신이십니다. "내가 곧 길이요, 진리요, 생명이니 나를 통하지 않고는 아무도 아버지께 오지 못하느니라"(요한복음 14:6). 또 다음과 같이 말씀하신 분도 예수님이십니다.

> 너희는 좁은 문으로 들어가라. 멸망으로 인도하는 문은 넓고 그 길이 넓어 거기로 들어가는 자가 많고 생명으로 인도하는 문은 좁고 그 길이 좁아 그것을 찾는 자가 적으니라(마태복음 7:13-14).

바울의 말은 언제나 옳았습니다. 갈라디아 교인들에게 안타깝게 호소하는 바울의 말이 지금도 귀에 들리는 것 같습니다. "보라, 내가 재차 얘기하지만, 나나 하늘의 천사나, 혹은 그 누구라 할지라도, 네 자신의 행위나 네 자신의 선함이나 네 자신의 의로움이나 네가 율법을 잘 지킨 것이나 네가 할례를 받은 것이나 어떤 의식을 잘 준수한 것이나 어떤 단체에 가입한 것이나 헌금을 많이 한 것 등으로 네 자신을 의지하여 구원을 받는다는 다른 복음을 전하면 저주를 받을지어다!"

왜 바울은 이토록 완강했을까요? 왜냐하면 하나님은 우리가 그분의 아들 예수 그리스도를 믿기만 하면, 우리 모습 그대로 받아주시기 때문입니다. 그분에 대한 우리의 신뢰로 인해 그분은 우리를 모든 죄에서 깨끗이 씻기시고 우리를 받아주셨습니다. 하나님은 부요하고 풍성한 그분의 사랑을 우리에게 부어 주기를 원하시는데, 그것은 우리가 자격이 있어서가 아니라, 다만 그분이 우리를 사랑하시기 때문입니다. 이것이 바로 예수 그리스도 안에 있는 은혜의 복음입니다.

참으로 이상합니다

선한 행위가 하나님과의 관계의 기초가 된다고 가르치는 교리가 왜 사람들의 삶 가운데서 막강한 지지를 얻는지 생각해 본 적이 있습니까? 솔직

11. 위장 폭탄과 지뢰

히 나는 그것이 궁금합니다.

다음과 같이 말한 것으로 보아 바울도 분명히 그것을 의아하게 여겼음을 알 수 있습니다.

> 그리스도의 은혜 안으로 너희를 부르신 분을 너희가 이렇게 속히 떠나 다른 복음으로 옮겨가는 것을 내가 이상히 여기노라(갈라디아서 1:6).

사람들이 그리스도의 은혜를 떠나 다른 복음, 특히 이 복음이 전혀 복된 소식이 아님에도 불구하고, 그것을 좇는 것을 보면 참으로 이상합니다!

누군가 "예수 그리스도를 믿는 것은 좋습니다. 그러나 그것만으로 충분하지 않아요!" 라고 말할 때마다 조심하십시오! 당신이 나에게 우리 자신의 의로움과 거룩함을 하나님 앞에서 증명해야 한다고 말하는 순간, 당신은 나를 하나님께 데려가는 것이 아니라, 그분으로부터 나를 밀어내고 있는 것입니다. 나는 의롭지도 거룩하지도 않으며, 또 그렇게 될 수도 없습니다. 그러므로 당신이 하는 말은 나에게 복된 소식이 아닙니다. 그것은 복된 소식과는 거리가 멉니다. 그것은 죽음의 선포입니다.

바울은 왜 사람들이 행위나 할례에 근거하여, 혹은 율법을 지킴으로 하나님과의 관계를 맺기 위해서 하나님과의 사랑의 관계를 버리려고 하는지 이해할 수 없었습니다. 그래서 그는 이렇게 기록하고 있습니다.

> 그것은 또 다른 참 복음이 아니며 다만 너희를 어지럽히는 어떤 자들이 있어 그들이 그리스도의 복음을 왜곡하려 하는도다(갈라디아서 1:7).

사랑을 무기로

사람들이 가짜를 좇느라 진짜 복음을 버리는 것은 참으로 이상합니다. 그러나 거짓 선생들이 그들의 새로운 제자들을 어떻게 끌어들이는가는 더 이상 비밀이 아닙니다. 바울은 그들의 공통된 술책이 열심히 접근하는 것이라고 지적합니다.

그들이 너희를 열심히 사모하나 좋지 아니하니라. 참으로 그들은 너희가 자기들을 사모하게 하려고 너희를 떼어 놓으려 하는도다(갈라디아서 4:17).

이단에 끌려들어 갔던 사람들은 종종 그 집단이 보여 주는 믿기지 않을 정도의 엄청난 사랑과 관심에 대해 보고합니다. 이러한 사랑과 관심은 그 집단이 그들을 1급 대상자로 찍었을 때 보여 주는 것이며, 그들은 이러한 사랑과 관심에 끌려 그 집단에 들어가게 된 것입니다. 그러나 일단 어떤 사람이 그 집단에 소속되고 나면, 그 열심은 그에 대한 사랑으로부터 교리 주입으로 바뀝니다. 그 신입 회원은 사랑과 관심으로 감동을 받기보다는 전투적인 신체 단련에 들어가게 되고, 결국은 기력이 다하여 지칠 때까지 혹사당하고 맙니다. 그러면 자신감은 다 상실되고, 그 집단의 왜곡된 영적 교리를 쉽게 받아들이게 됩니다.

처음에 그토록 기꺼이 보여 주었던 사랑은 그 대상을 외부와 단절시켜서 속박으로 끌어들이기 위한 방편에 불과한 것입니다. 만일에 어떤 사람이 그들의 프로그램에 순순히 넘어가지 않으면, 그 사랑은 즉시 끝나고 그 사람은 그들로부터 외면당하고 배척당하는 것을 보게 됩니다. 그들의 열심이 실패한 것을 알았을 때는, 그 '사랑'이 즉시로 공공연한 적대감으로 변합니다.

내가 목회 초창기에 투산(Tucsan)이라는 곳에서 사역하고 있을 때였는데, "오직 예수"(Jesus Only)라는 오순절 계통의 한 집단과 유쾌하지 못한 일이 있었습니다. 이 이단 집단은 성부와 성자 그리고 성령은 예수님에 대한 다른 용어들에 불과하다고 가르칩니다(물론, 그들은 예수님이 기도하실 때 아버지라고 부르신 분이 누구이며, 혹은 예수님이 세례받으실 때 하늘로부터 말씀하신 분이 누구인가 등을 설명하기 어려워합니다. 마태복음 3장 17절의 "이 사람은 내 사랑하는 아들이라. 내가 그를 매우 기뻐하노라"고 말씀하신 음성은 아마도 교묘한 복화술이라 할 것인가?). 이 교리의 약점은 분명합니다. 그러나 이 신념을 따르는 사람들은 강하게 달려들어 온갖 분란을 일으킵니다.

11. 위장 폭탄과 지뢰

안타깝게도 우리 교회에서 영향력 있는 두 가정이 이 교리에 빠졌습니다. 그들은 곧바로 나를 다음 포섭 후보로 삼아 '열심히 접근해' 왔습니다. 그들은 점심 식사에 나를 데리고 나가기도 하고, 나의 목회 잠재력과 또한 자기들이 교회를 얼마나 사랑하는지에 대해 말하곤 했습니다.

한편, 나는 언제나 사람들과 성경 말씀에 대해 논쟁하기를 매우 싫어했습니다. 보통 나는 그들의 잘못된 주장을 꾸짖지 않고 그들로 하여금 그들의 주장을 다 말하도록 합니다. 그래서 이 사람들이 "나와 내 아버지는 하나이니라!" (요한복음 10:30)고 예수님이 말씀하신 부분을 인용하면, 나는 "네, 맞습니다. 그것이 바로 예수님이 말씀하신 것이지요!" 라고 대답합니다. 그들이 이렇게 성경 구절을 들고 나올 때마다 나는 "네, 그것은 바로 그런 뜻이지요!" 라고 대답합니다. 나는 결코 그들과 논쟁하지 않습니다.

물론 나는 이 문제를 분명하게 설명할 많은 성경 구절들을 알고 있었지만, 나는 이 친구들과 논쟁하고 싶지 않았습니다. 예수님이 "네가 네 대적과 함께 길에 있을 동안에 속히 그와 합의하라" (마태복음 5:25)고 말씀하셨기 때문에, 나는 그들이 언급한 성경 구절에는 동의하는 것입니다. 그들의 이상한 해석에는 동의하지 않았지만, 나는 성경 말씀 그 자체에는 언제나 동의했습니다. 그런데 내가 그들과 논쟁을 하지 않으니까 그들은 나를 포섭한 것으로 알았던 것입니다.

하루는 주일 장년 성경 공부에서 그들은 자기들의 교리를 내놓았습니다. 담당 교사가 그들의 주장에 대해 효과적으로 논박했을 때, 그들은 나도 그들의 주장에 동의했다고 주장하려 했습니다. 담당 교사는 사태를 수습하기 위해 즉시 나를 불렀습니다. 내가 성경 공부반 전체에게 하나님은 한 분이시지만 성부, 성자, 성령의 삼위로 계신 것을 믿는다고 말하자, "오직 예수" 파는 얼굴이 창백해졌습니다.

그 다음날 그들은 내게 전화를 걸어서, "오늘 저녁에 우리 집에서 좀 봅시다"라고 했습니다. 그 날 저녁 나는 그 집을 방문하게 되었고, 그들은 나에게 "도대체 진리를 거부하겠다는 생각은 어디에서 나온 것입니까? 목사님이 진실로 믿고 있는 진리를 어떻게 부인할 수 있단 말입니까?"라며 따져 물었습니다. 나는 다음과 같이 대답했습니다. "나는 진리를 부인하지도 않았고, 내가 믿는 것을 부인하지도 않았습니다. 나는 내가 믿는 것을 성경 공부반에서 그대로 이야기했을 뿐입니다. 나는 예수님이 복화술과 같은 방식으로 말씀하셨다고 생각하지 않으며, 아버지께 기도하실 때 사람들을 속이기 위해 그렇게 하셨다고 결코 믿지 않습니다. 나는 비록 하나님은 한 분이실지라도 성부, 성자, 성령이 삼위의 구별된 인격체로 계신 것을 믿습니다." 그러자 비로소 나는 그 부당한 비난의 널리 알려진 결말을 보기 시작했습니다.

"형제여," 그들은 나를 협박했습니다. "하나님이 우리에게 계시를 주셨고, 또 교회 앞에서 우리가 옳다고 말하지 않으면 당신이 검은 관에 실려 나갈 것이라는 환상을 보여 주셨소!" 나는 쇄도하는 무서운 협박에 귀를 기울이며, '내게 그렇게 퍼붓던 이 사람들의 사랑은 다 어디로 갔을까?' 라고 의아하게 여겼습니다.

"이번 주 토요일까지 당신이 번복할 것인지를 결정할 시간을 주겠소!"라고 그들은 말했습니다. 나는 "토요일까지 기다릴 필요 없습니다. 지금 말해 드리죠." 라고 대답했습니다. 그러자 그들은 이렇게 말했습니다. "아니, 지금은 아무 말도 하지 마세요. 그리고 이 문제를 가지고 기도해 보세요. 만일 토요일 밤까지 번복하겠다고 약속하지 않으면, 우리는 이제 이 교회에 다시는 나오지 않을 겁니다." 당연한 일이지만, 이 집단의 지도자는 우리 교회 주일 학교 아이들 53명 가운데 11명을 데리고 나갔습니다. 주일 학교가 성장하기를 바라는 교회로서는 매우 큰 타격이 아닐 수 없었습니다.

11. 위장 폭탄과 지뢰

토요일 밤에 전화가 걸려 왔습니다. "형제여, 어떻게 결정했습니까?" 나는, "전혀 나의 마음을 바꾸거나 생각을 바꾸지 않았습니다" 라고 대답했습니다. "그래요? 좋습니다. 우리가 사전에 충분히 경고했지요?" 그렇게 말하고는 일방적으로 전화가 끊겼습니다. 그 후로 그들은 사라졌고, 그들의 아이들 열 한 명도 함께 사라졌습니다.

이 사람과 그의 추종자들은 나를 포섭할 가능성이 있는 동안은 내게 사랑과 관심을 보이는 데 열심이었습니다. 그러나 내가 그들과 그들의 신앙에 매이지 않을 것을 알고 난 다음에는, 나와 교회를 둘 다 헌신짝처럼 버렸습니다.

그것은 진실된 사랑이 아니었습니다. 그것은 나를 개종시키기 위한 위선적인 행동에 불과했습니다. 한 때 셰익스피어가 읊었던 것처럼, "사정이 변할 때, 변하는 사랑은 사랑이 아닙니다." 내가 개종하지 않자, 그들의 본심이 드러난 것입니다.

이것이 거짓 선생들이 자주 쓰는 수법입니다. 그들은 개종자를 만들기 위해 사랑과 관심을 쏟는 데 총력을 기울일 것입니다. 그러나 그 대상자가 그들의 신앙에 동조하지 않으면, 그들은 재빨리 그를 배척할 것입니다.

이들은 매우 강한 인상을 주며, 매우 사랑스럽고 따뜻한 사람들인 것처럼 보일 수 있습니다. 그러나 그것은 오직 그들이 그들의 신앙으로 당신을 끌어들이기 위해 애쓰고 있기 때문입니다. 만일 당신이 그들에게 넘어가지 않을 때는 조심하십시오! 그들은 온갖 심판과 정죄로 당신을 공격할 것입니다. 이것은 은혜의 복음이 아닙니다!

걸려 넘어지지 마십시오

거짓을 좇아 진리를 떠나는 사람들을 보는 것은 언제나 마음 아픈 일입니다. 당신은 그들을 사랑하고 그들 앞에 놓여 있는 뻔한 고통으로부터 그들을 구하고 싶지만, 당신이 할 수 있는 일은 별로 없습니다. 바울은 그 마음을 잘 알았습니다. 갈라디아서 5장 7절은 바울이 갈라디아 교인들과 나누었던 관계를 생각케 하는 씁쓸하고도 달콤한 구절입니다. 그는 다음과 같이 기록합니다.

너희가 잘 달렸는데 누가 너희를 막아 너희가 진리에 순종하지 못하게 하더냐?

그들은 전에는 하나님과 서로에 대한 사랑 안에서 걸으며, 바울이 극한 상황에 처했을 때 자신들은 돌보지 않고 오히려 바울을 섬기던 사람들이었습니다. 심지어 그들은 그들의 눈이라도 뽑아 기꺼이 바울을 위해 내놓겠다고 했습니다. 그러나 이제 그들의 행로가 방해를 받자, 어떤 이들은 바울을 원수로까지 여겼습니다. 왜 그럴까요? 바울이 그들에게 진리를 말해 줄 만큼 충분히 그들을 사랑했기 때문입니다.

바울은 육상 경기로부터 유사를 이끌어 내며, 갈라디아 교인들을 처음 출발은 잘 했지만 달리다가 엉켜서 넘어지는 선수들에 비유했습니다. 바울은, "이렇게 설득하는 것은 너희를 부르시는 분에게서 나지 아니하느니라" (갈라디아서 5:8)고 말했습니다. 그는 유대주의자들이 주장하는 '새롭고 더 깊은 진리들'이 하나님께로부터 온 것이 아니라고 주장했습니다.

그러나 얼마나 많은 사람들이 이런 종류의 거짓 교리에 넘어갔는지 모릅니다. 심지어는 예수를 믿는 신실한 믿는 자들까지도 이러한 가르침을 전하는 자의 교묘한 이야기에 넘어가곤 합니다. 그들이 이러한 거짓 가르침을 받아들이는 것은 그들이 성경을 찾아 인도를 받았기 때문이 아니라, 그들의 확신에 찬 인격의 힘에 영향을 받았기 때문입니다.

이러한 경건치 못한 영향력으로 인해, 결국 그 희생자들은 개인의 인격을 거의 다 박탈당하고 속박에 얽매이게 됩니다.

11. 위장 폭탄과 지뢰

어떻게 해서 모든 것이 정상으로 보이는 사람들이 이단의 지배 아래 놓여, 그들의 지도자를 위해 공항에서 꽃이나 땅콩을 팔러 다니는 처지까지 내려갈 수 있을까를 생각해 본 적이 있습니까? 이것은 결코 하나님께로부터 온 것이 아닙니다. 사실상 속박 지향의 구조 안에서 사람들은 조만간 그들 자신이 사람들의 지배 아래 있음을 곧 발견하게 될 것입니다.

이러한 속임수에 대한 가장 좋은 안전 장치는 "모든 것을 시험해 보고 선한 것을 굳게 붙들라"(데살로니가전서 5:21)는 것입니다. 한 개인이 아무리 높이 존경을 받는다 할지라도, 아무리 많은 사람들이 그를 따른다 할지라도, 우리는 복음의 진리 대신 그 어느 누구의 말도 받아들일 수는 없습니다. 각각의 믿는 자는 이러한 것들이 과연 그러한가를 알아보기 위해서 성경을 살펴보아야 할 책임이 있습니다.

우리가 이러한 경계를 무시하고, 어떤 사람이 어떤 외모나 말하는 스타일을 가지고 있다거나, 혹은 TV나 라디오 사역을 한다는 이유만으로 무턱대고 그가 말하는 모든 것을 다 믿는 것이 얼마나 위험한 일인지 모릅니다. 우리가 우리에게 제시된 가르침을 점검해 보지 않을 때, 우리는 우리를 부르신 분께로부터 나지 않은 교리 앞에 우리 자신을 노출시키는 것입니다. 하나님은 그분의 마음을 바꾸시지 않습니다. 하나님은 그분의 진리를 교정하지 않으시며, 새로운 계시로 보완하지도 않으십니다. 은혜의 복음은 변하지 않습니다. 그러나 변한다고 주장하는 설교자를 찾기는 그다지 힘들지 않습니다.

다른 어떤 이름의 종이 되어서는 안 됩니다

오늘날까지도 율법주의를 부르짖는 온갖 사람들이 있습니다. 그들은 다음과 같은 질문들을 할 것입니다. "당신은 어떻게 세례를 받았습니까? 누가 세례를 주었습니까? 그들이 당신에게 세례를 줄 때 뭐라고 말하던가요?" 어떤 사람들은 심지어 이런 것까지도 말합니다. "당신이 올바른 형식으로 세례를 받지 않았다면, 그 세례는 참된 세례가 아닙니다.

물로 뿌리는 세례를 받았습니까? 아니면 물 속에 잠기는 침례를 받았습니까?"

비극적인 일은 이러한 가르침들은 하나님이 예수 그리스도를 믿는 믿음을 통해 우리 가운데 행하신 일로부터 우리를 떼어 내는 데 일조를 할 뿐이라는 것입니다. 그것이 세례이거나 성찬이거나 세족이거나, 어떠한 의식도 우리를 의롭게 하는 데 사용될 수는 없습니다. 하나님 앞에 의롭게 서는 것은 전적으로 우리의 것이며, 전적으로 우리의 믿음에 의해 이루어지며, 그 믿음은 사랑에 의해 역사합니다. 이것이 바로 우리가 하나님과 동행하는 데 참된 능력과 평강을 주는 열쇠입니다. 저 위대한 사도 바울이 다음과 같이 말한 것은 놀랄 일이 아닙니다. "어떻게 너희가 이같이 속히 진리를 떠나 복음도 아닌 다른 복음을 쫓아갈 수 있는지 이상하고 놀랍게 여기노라!"

참된 복음은 복된 소식입니다. 그것은 예수 그리스도께서 완성하신 일을 통한 죄 용서와 하나님의 은혜의 복된 소식입니다. 당신과 하나님의 관계는 당신의 의로움이나 당신의 행위나 어떤 규칙을 지키는 것에 기초를 두지 않고, 당신을 위한 하나님의 희생을 믿는 당신의 믿음에 기초를 둡니다. 만약 당신이 하나님이 행하신 이 일을 믿기만 하면, 예수 그리스도를 통하여 당신은 하나님과의 아름답고 깨어지지 않는 관계를 가질 수 있습니다. 당신의 모든 죄는 씻음을 받을 것이고, 당신의 부족함, 실패, 바르지 못한 태도에 대한 모든 죄책감은 사라질 것입니다. 그것들은 존재하지 않을 것입니다. 왜냐하면 당신은 예수 그리스도에 대한 믿음을 통해 의롭게 될 것이기 때문입니다.

바울은 행위를 근거로 하나님과 관계를 맺어 보려는 어리석음에 대해 잘 알았습니다. 그는 최종적인 결과를 알 수 있었습니다. 왜냐하면 그곳은 그가 시작한 곳이거든요. "내게 율법에 대해 말하지 마십시오!" 바울은 이렇게 말할 것입니다. "나는 율법에 대한 모든 것을 압니다. 나는

11. 위장 폭탄과 지뢰

율법의 의에 대한 모든 것을 압니다. 나는 바리새인이었습니다. 나는 매우 열성적이었습니다. 나는 나의 형제들보다 더 열심 있는 율법주의자였습니다. 내 앞에서 율법에 대해서 얘기하지 마십시오. 나는 율법에 대해서는 속속들이 다 알고 있습니다. 그러나 하나님께 감사하게도, 예수 그리스도에 대한 믿음을 통해 하나님과 새로운 관계를 맺었을 때, 나는 그 모든 것으로부터 구원을 받았습니다!"

우리도 그렇습니다. 그러므로 당신은 이제 은혜의 복음 안에서 세워졌으니, 어느 누구도 죄책감이나 행위로 의로워진다는 생각으로 당신을 괴롭히거나 넘어지게 하지 못하도록 하십시오. 그것은 그럴 만한 가치가 없습니다. 우리 가운데 어느 누구도 우리 이름에 '아나테마'와 같은 말을 덧붙일 필요는 없습니다.

12

은혜

전부 지키지 못하면
소용 없습니다

얼마 전 나는 오레곤(Oregon)에서 있었던 목사들의 모임에 참석했습니다. 행사가 시작되기 전에, 어느 목사님이 내게 주님의 재림에 대해 말하고서 사라져 버리는 히치 하이커에 대해 들어 본 적이 있느냐고 물었습니다. 나는 들어 본 적이 있다고 말했지요. 내가 처음으로 그 이야기를 들은 것은 아주 오래 전 1944년 캘리포니아 버뱅크에 살 때였습니다. 그 이야기의 마지막은 항상 똑같았습니다. 그 히치하이커를 태워 준 부부가 주유소에 차를 대고는 그 주유소 직원으로부터 그들이 그 날 그 동일한 이야기를 한 아홉 번째 손님이라는 것을 듣게 되었다는 것입니다. 그 질문을 한 목사님은 내게 이렇게 말했습니다. "나는 이제야 그 얘기를 들으니 오레곤이 얼마나 멀리 떨어져 있는지 아시겠지요? 그 소문이 여기까지 오는 데 50년 이상이 걸렸으니까요."

우리는 결국 아무 것도 아닌 것을 위해 모든 노력을 동원하기가 얼마나 쉬운지 모릅니다! 그리고 우리의 믿음이 하나님의 말씀의 견고한 기반 위에 기초를 두고 있는 것이 얼마나 감사한 일인지요! 나는 주님으로부터 어떤 초자연적인 특별한 계시를 받는 것보다 확실한 성경 말씀을 통해서 주님이 내게 말씀해 주시는 것이 훨씬 더 낫다고 생각합니다. 한 천사가 내게 와서 어떤 혁명적인 진리를 가지고 있다고 말할지라도, 나는 그 메시지가 진정 하나님께로부터 온 것인지 의심해 볼 것입니다.

우리가 말씀으로 돌아가면, 끝없는 비판도 문제가 되지 않습니다. 성경은 우리의 믿음과 그리스도인으로서의 삶을 위한 오직 유일한 확고한 기초입니다. 우리의 삶이 하나님의 말씀의 진리 위에 기초할 때, 우리는 최근의 별난 교리나 소위 '새롭고 개선된' 복음이라는 것에 현혹되지 않습니다. 우리가 하나님의 말씀의 진리 위에 굳건히 서는 것이 얼마나 중요한지 모릅니다. 이것만이 그리스도 안에서 우리에게 풍성히 주어진 영광스러운 자유를 지킬 수 있는 유일한 길입니다.

어떻게 우리는 굳건히 설 수 있습니까?
굳건히 서지 못하는 사람들은 하나님의 말씀에 대한 이해 부족으로 그리스도에 대한 단순한 믿음에서 떠나 있음을 아는 것은 매우 중요합니다. 우리의 삶에 참된 안정감을 가져다 주는 것은 성경을 굳게 붙드는 것뿐입니다.

바울은 하나님이 "성도들을 완전하게 하기" 위해 교회에 사도, 선지자, 복음 전도자, 그리고 목사와 교사를 주셨다(에베소서 4:11,12 참조)고 말했습니다. 이러한 완전함의 표시는 바로 믿음의 통일성이 매우 굳건하여 우리가 다음과 같이 되는 것입니다.

> 그 목적은 우리가 이제부터 더 이상 어린아이가 되지 아니하여 사람들의 속임수와 몰래 숨어서 속이려 하는 자들이 사용하는 간교한 술수로 말미암아 온갖 교리의 바람에 이리저리 흔들려 밀려다니지 아니하고(에베소서 4:14).

특별히 속임수가 난무하는 우리 시대에 우리가 말씀에 기초를 두는 것이 얼마나 중요한지 모릅니다!

기복 신앙 운동의 물질 만능주의적 과도함("하나님은 그분의 모든 자녀들이 벤츠를 타기 원하십니다. 당신은 겨우 토요타를 타는군요. 당신이

12. 전부 지키지 못하면 소용 없습니다

얼마나 영적이지 않으면 그럴까요?")으로부터 특정한 방법으로 세례를 받아야 한다는 '새로운' 계시에 이르기까지, 요즘은 이상하고 왜곡된 교리들이 공공연히 판을 치고 있습니다.

바울은 갈라디아서 5장 1절에서 갈라디아 교인들에게 다음과 같이 권면합니다.

> 그리스도께서 우리를 자유롭게 하려고 자유를 주셨으니 그러므로 그 안에 굳게 서고 다시는 속박의 멍에를 메지 말라.

그의 이러한 메시지는 그가 처음 이 편지를 쓸 때와 마찬가지로, 오늘을 사는 우리에게도 적절한 것입니다. 종종 교회가 의에 대한 율법주의적 기준을 우리에게 강요하는 데 앞장 서는 것을 볼 수 있습니다. 이러한 법과 규칙들은 보통 잘 받아들여지는데, 왜냐하면 율법이 제공하는 잘 규정된 규제들에는 어떤 안정감이 있기 때문입니다. 이단들은 사람들에게 엄청나게 많은 개인 행동 지침들과 권위에 대한 맹목적인 순종으로부터 오는 '안정감'을 제공합니다.

그러나 이토록 엄격하게 조직화된 생활에 자신을 헌신하는 사람들은 자신의 자유를 희생하며 그렇게 하는 것입니다. 그들은 그 집단이 제공하는 안정감과 더불어, 그들이 제시하는 기준을 어길 때 맹렬한 비난이 따른다는 것을 깨닫지 못합니다. 그런 조직에 노예가 되었던 많은 사람들은 그들이 그 집단을 떠나는 것은 하나님을 떠나는 것과 같은 것으로 믿었다고 말합니다. 만일에 새로운 믿는 자가 그 단체에 대해 의문을 가지기 시작하거나 다른 곳으로 가기를 원하면, 그는 지옥으로 가는 위험에 처해 있다는 말을 들었다고 합니다. 이런 종류의 압박 작전과 진리에 대한 배타적이고 터무니 없는 주장들은 사람들을 노예로 삼는 집단들의 특징입니다.

다른 한편으로, 사람들에게 주님과 함께 동행을 하면서 성장할 수 있는 좋은 교회를 찾으라고 권면하는 교회가 영적으로 건강한 교회입니다.

갈보리 채플에서 우리는 종종 사람들에게 주위를 잘 둘러보고 가장 효과적으로 당신을 섬길 수 있는 교회를 찾으라고 제안합니다. 우리 모임에 오는 어떤 사람들은 좀 더 감정적이고 떠들썩한 예배를 드리기 원합니다. 우리는 그런 사람들에게 그들의 욕구에 맞는 교회를 찾아갈 것을 권면합니다. 우리는 어느 누구도 우리 교회에 얽매여 있기를 원하지 않습니다.

"종의 멍에"라는 구절을 바울이 사용한 것은 아마도 첫 번째 예루살렘 회의에서 시몬 베드로가 사용한 말을 참고로 한 것입니다. 사도행전 15장에서 베드로는 고넬료의 집에서 이방인들을 섬기도록 하나님이 그를 부르신 사건을 자세하게 이야기했습니다. 그는 유대인이 아닌 사람들에게 "우리 조상들이나 우리나 능히 메지 못하던 멍에를"(10절) 씌우지 말 것을 제안했습니다. 바울은 은혜 안에서의 자유의 메시지가 자신이 만들어 낸 것이 아님을 강조하기 위해 베드로의 말을 인용합니다. 그리스도 안에 있는 이 자유는 교회의 굳건한 입장이었습니다.

의식이 우리를 구원하지 않습니다

예루살렘 회의에서 거부된 가르침의 핵심은 이방인들도 구원을 얻으려면 할례 의식을 행해야만 한다는 주장이었습니다. 그 회의의 구성원이었던 사도와 장로들은 행위는 사람을 의롭게 할 수 없다는 바울의 주장에 동의하였습니다. 그 후에 바울은 의식을 신뢰하는 것은 복음에 반대하는 것이라고 진술했습니다.

> 보라, 나 바울이 너희에게 말하노니 너희가 만일 할례를 받으면 그리스도께서 너희에게 아무 유익도 주지 못하시리라(갈라디아서 5:2).

이 말씀은 우리로 하여금 어떠한 것이든지 행위를 신뢰하는 것은 하나님의 은혜로부터 우리를 잘라내는 것이라고 말할 수 있게 해줍니다. 우리가 이 진리를 받아들이는 것은 꼭 필요한 일입니다. 지금은 구원을 위해서 할례를 받아야 한다고 가르치고 다니는 선생들이 많지 않습니다. 그러나 우리는 매우 진지한 사람들이 구원을 받기 위해서는 세례를 받아

12. 전부 지키지 못하면 소용 없습니다

야 하지 않느냐는 주장을 얼마나 자주 듣는지 모릅니다.

어떤 이들은 이 주장으로부터 온갖 이상한 극단적인 교리들을 만들어 내기도 합니다. 구원을 받기 위해서는 세례를 받아야 할 뿐만 아니라, '올바르게' 세례를 받아야 한다고 가르치는 무리들도 있습니다. 어떤 사람들은 예수님의 이름으로만 세례를 받아야 한다고 주장합니다. 또 어떤 사람들은 특정한 자기 교파에서 안수를 받은 목사만이 세례식을 행해야 한다고 주장합니다. 어떤 이들은 절차상의 형식에 너무 집착한 나머지, 물을 뿌리느냐 물 속에 잠기느냐를 두고, 혹은 물 속에 들어갈 때 앞으로 들어가느냐 뒤로 눕느냐를 두고 교회가 갈라지기도 합니다.

이러한 모든 분열의 뿌리는 바로 올바른 신분을 얻기 위한 특정한 선한 행위에 대한 부적절한 신뢰입니다. 성경의 분명한 가르침은, 만일에 우리가 구원을 위하여 어떠한 선한 행위라도 신뢰한다면, 그리스도는 우리에게 아무 가치가 없다는 것입니다. 우리는 양쪽의 경계선 위에 걸터 앉아 그리스도와 선한 행위 둘 다를 신뢰할 수는 없습니다. 만약 우리가 우리의 구원의 근거로 세례를 신뢰한다면, 우리는 행위를 신뢰하는 것입니다. 우리는 우리를 지탱해 줄 수 없는 모래 위에 우리의 영적인 집을 짓고 있는 것입니다.

몇 년 전, 한 청년이 내게 와서 자기는 더 이상 그리스도인이 아니며, 몰몬 교회의 교인이 되었다고 말했습니다. 내가 영원한 생명의 소망으로 무엇을 신뢰하느냐고 그에게 묻자, 그는 그의 소망이 예수 그리스도에 대한 믿음과 지속적인 몰몬교의 구성원으로 남아 있는 것에 기초를 두고 있다고 대답했습니다. 나는 그 자리에서 솔직하게 그의 결정은 비극이라고 말해 주었습니다. 예수 그리스도의 사역 이외에 다른 어떤 것을 신뢰하는 순간, 그는 너무 멀리 간 것입니다.

하나님 앞에 의롭게 서기 위해 우리에게 필요한 모든 것은 그리스도에 대한 믿음뿐입니다. 만일에 우리가 예수님과 할례를, 또는 세례를, 또는 지속적으로 어느 교회의 구성원으로 남는 것을 둘 다 신뢰할 것을 주장한다면, 그리스도는 우리에게 전혀 아무 가치도 없을 것입니다.

전부 지키지 못하면 소용 없습니다

의로움을 위하여 자기 행위를 의지하는 사람들은 골라서 원하는 것만 지키는 방법을 택할 수 없습니다. 만일에 우리가 한 가지 선한 행위를 구원을 위하여 필요한 것으로 받아들인다면, 우리는 모든 법에 대해 빚진 자가 됩니다. 우리는 율법을 온전히 그대로 다 지켜야만 합니다. 바울이 갈라디아서 3장 10절에서 지적한 것처럼 말입니다.

> 율법의 행위에 속한 자들은 다 저주 아래 있나니 기록된바, 율법 책에 기록된 모든 것을 행하기 위하여 항상 그것들 가운데 거하지 아니하는 자는 다 저주받은 자니라, 하였느니라.

야고보는 다음과 같이 말함으로써 이 진리를 상세히 설명했습니다. "누구든지 율법 전체를 지키다가 한 조목이라도 어기면 모든 것에서 유죄가 되나니" (야고보서 2:10).

만일에 우리가 의로움을 위하여 율법을 바라본다면, 그리스도께서 우리에게 아무 것도 해주실 수 없을 뿐만 아니라, 우리는 온전함을 위하여 모든 계명들을 지켜야 할 것입니다. 그러면 우리와 하나님의 관계는 은혜가 아니라 율법주의에 기초를 두는 것입니다.

바울은 유대주의자들의 잘못된 가르침을 거부하며 비평할 때 사정을 봐주지 않았습니다.

> 너희 중에 누구든지 율법으로 의롭게 된 자에게는 그리스도께서 아무런 효력이 없으며 너희는 은혜에서 떨어져 나갔느니라(갈라디아서 5:4).

'당신보다 더 거룩해요' 라는 소리가 나는 선물 꾸러미를 기독교에 가지고 들어온 사람들은 은혜를 거부했습니다.

12. 전부 지키지 못하면 소용 없습니다

아무도 자신의 선한 행위로 천국에 갈 수 없다는 것을 명심해야 합니다. 우리는 아브라함이나 다윗 또는 바울이 하나님 앞에서 의로운 신분을 얻기 위해 그들이 행한 모든 훌륭한 일들에 대해 그들이 말하는 것에 귀를 기울일 필요가 없을 것입니다. 그들은 단순히 하나님을 믿었고, 그들의 믿음이 의로 간주된 것입니다. 우리는 하늘 나라에 서서 아무도 서로의 선행을 비교하지 않을 것입니다. 왜냐하면 그곳에서는 오직 한 분의 일만이 하나님의 보좌 앞에서 영광을 받을 것인데, 그분은 바로 예수 그리스도이십니다. 예수님, 오직 그분만이 우리의 구원으로 인하여 영광을 받으실 것입니다. 그분이 없었다면, 우리는 아무도 천국에 갈 수 없을 것입니다.

바울은, "나는 우리 주 예수 그리스도의 십자가외에 결코 어떤 것도 자랑할 수 없나니"(갈라디아서 6:14)라고 말했습니다. 우리가 아무리 많은 선한 일을 했다 할지라도, 아무리 많은 사람을 주님께로 인도했다 할지라도, 아무리 많은 교회를 주님을 위해 세웠다 할지라도, 우리의 유일한 영광은 우리를 위해 죽으신 예수 그리스도 안에 있습니다. 우리의 의로움은 선한 행위, 인간적인 노력, 어떤 의식이나 음식에 관한 법을 지키는 것 등의 문제가 아닙니다. 우리의 의는 지금 이 순간 그리고 영원히 하나님의 아들인 예수님에 대한 단순한 믿음의 결과입니다.

믿음으로 얻는 의로움은 그리스도께 속한 자들 간의 모든 차이를 없애줍니다. 내가 당신보다 더 낫지 않고, 당신이 나보다 더 낫지 않습니다. 우리는 모두 하나님의 영광스러운 은혜로 구원 받은 죄인들일 뿐입니다. 하나님 앞에서 의롭다함을 얻을 다른 방법은 없습니다. 하나님이 받아주실 의는 오직 한 가지밖에 없는데, 그것은 바로 예수 그리스도의 의입니다.

이것은 믿는 자인 우리들에게 작고 부수적인 문제가 아닙니다. 우리는 그리스도께서 우리를 자유케 하신 그 자유 안에서 굳건히 서야 합니다.

하루에 일곱 시간을 기도하지 않거나, 아침마다 성경을 스물 다섯 장을 읽지 않으면 참으로 의롭지 않다고 느끼게 하는 정죄의 법이 우리 삶에 들어와 우리를 다스리도록 허락해서는 안 됩니다. 우리의 의는 우리가 성경을 얼마나 많이 읽느냐, 얼마나 많이 기도하느냐, 얼마나 금식을 많이 하느냐, 얼마나 헌금을 많이 하느냐에 달려 있지 않습니다. 우리의 의는 우리의 죄를 씻기시고, 깨끗케 하시고, 하나님 아버지의 눈 앞에서 우리를 정결하게 만들어 주신 예수님에 대한 단순한 믿음에 근거하고 있습니다.

구원의 역사는 다 이루어졌습니다. 그것을 개선하기 위해 우리가 할 수 있는 것은 아무 것도 없습니다. 우리의 선한 행위는 하나님의 우리를 받아주심과 그분의 사랑의 결과인 것입니다. 우리는 그분의 사랑을 얻기 위해 선한 일을 행하지 않습니다. 그리스도의 명령을 좇아 사는 것은 우리를 더 의롭게 만드는 것이 아니라, 우리를 더 행복하게 하고 더 만족스럽게 해줄 뿐입니다. 이 세상에서 나를 그토록 사랑해 주시고, 또 영원히 나를 보살펴 주실 것을 약속하신 분께 나의 삶을 드리는 것보다 더 나은 삶이 어디 있겠습니까? 하나님이 이끄시고 안내해 주시는 우리의 삶만이 이 세상에서 누릴 수 있는 가장 만족스러운 경험입니다.

두 가지 선택뿐입니다

우리 모두는 하나님을 기쁘시게 할 만큼 충분히 선해지려고 애쓰고 수고하든지, 아니면 우리가 할 수 없는 일을 하나님이 우리를 위해 행하실 것을 믿고 신뢰하든지, 둘 중에 하나입니다. 우리 삶의 매 순간마다 우리는 이 길 아니면 저 길로 가고 있는 우리 자신을 발견하게 됩니다. 만약 우리가 충분한 선한 행위로 하나님을 기쁘시게 하기 위해 지금도 노력하고 있다면, 실패와 좌절이 우리의 운명이 될 것입니다. 그러나 만약 우리가 우리를 변화시키고 우리 안에 그리스도의 형상을 만들어 가실 하나님의 은혜를 신뢰한다면, 우리는 우리의 생명과 평강을 누리게 될 것입니다.

12. 전부 지키지 못하면 소용 없습니다

나는 우리 가족이 좀 더 그리스도인다운 가정의 분위기를 만들어 보려고 함께 노력하고자 애쓸 때, 잘못된 제안을 해서 일어났던 한 가지 사건을 기억하고 있습니다. 우리 아이들이 자라면서 형제들 사이에 라이벌 의식이 가장 강했던 때가 있었습니다. 하루는 아이들이 서로의 이름을 부르는데, "바보", "멍청이" 혹은 "쪼다"라고 부르면서 마찰이 생기는 것이었습니다. 그래서 아이들을 훈계하기 위한 노력의 일환으로 어떤 규칙을 세우게 되었습니다.

이층집에서 가장 하기 싫은 일 가운데 하나가 진공 청소기로 계단을 청소하는 것입니다. 가정 생활의 질을 높이기 위해서 우리는 서로를 모욕하는 말을 할 때마다 벌점을 기록하기로 했습니다. 그래서 가장 많은 벌점을 받은 사람이 계단 청소를 하기로 했습니다. 이 규칙은 상당히 합리적인 것이라고 생각되었습니다. 그런데 하루는 그만 내가 걸려들고 말았습니다.

두 녀석이 장난을 치고 있었는데, 내가 방에 들어섰을 때는 그 아이들이 무엇인가를 망가뜨리고 있는 중이었습니다. 그 때 내 입에서 처음 나간 말은, "어느 바보 멍청이 같은 놈이 이렇게 어질러 놓았어?" 였습니다. 누가 계단 청소를 하게 되었는지는 말하지 않아도 아시겠지요?

그러나 나는 그것으로부터 한 가지 좋은 것을 배웠습니다. 나는 법과 규칙을 지키는 것이 우리의 마음을 바꿀 수 없다는, 시간을 초월한 교훈을 다시 한 번 배웠습니다. 우리의 동기는 좋았습니다. 우리는 모두 각자의 가정에서 의로움을 위해 애를 씁니다. 그러나 우리는 모두 비참하게 실패할 뿐이지요.

우리가 아무리 열심히 거룩해지려고 애쓸지라도, 우리는 우리의 의가 하나님의 눈에는 더러운 옷같이 여겨진다는 사실에 직면해야 하는 것 같습니다. 하나님은 우리에게 의에 대한 다른 소망을 제공해 주셨습니다.

그것은 하나님 앞에 의롭게 서며 그분과 관계를 맺는 것인데, 반드시 우리가 선물로 받아야 하는 것입니다. 우리가 완벽한 기준에 따라 살 수 없다는 것을 인정하고 예수 그리스도를 믿음으로써, 그분의 의가 우리에게 덧입혀지는 것입니다. 이것은 우리 앞에 놓인 아주 중요한 선택입니다. 우리는 낡고 더러운 옷을 깨끗케 해서 하늘 나라에 내놓을 수 있도록 노력할 수도 있고, 믿음으로 그리스도의 온전한 의의 두루마기를 입는 쪽을 선택할 수도 있습니다.

내가 겪은 진공 청소기 사건은 우리의 유일한 소망은 은혜를 선택하는 것임을 상기시켜 줍니다.

항로를 벗어나서 사라졌습니다

그리스도인의 삶에서 정해진 길을 벗어나기가 얼마나 쉬운지 놀라움을 금할 수 없습니다. 믿음이나 실천의 상대적으로 작은 영역에서 겉보기에 작은 흠으로 여겨지는 일조차 그리스도인의 삶의 대부분의 영역에서 우리로 하여금 중심을 완전히 벗어나게 만들 수 있습니다. 그러므로 교리적인 순수함을 유지하기 위해 모든 노력을 기울이는 것은 갈수록 더 중요해지고 있습니다.

나는 최근에 교회가 대환란에 들어갈 것이라고 믿는 한 친구와 영적인 문제에 대해 토론한 적이 있습니다. 그는 자기로서는 그다지 중요하게 생각지 않는 사소한 종말론의 문제를 가지고, 내가 왜 그다지도 강력한 입장을 취하는지 궁금해 했습니다. 그래서 나는 이렇게 물었습니다. "만약 교회가 대환란에 들어간다면, 요한계시록에서 말하는 144,000명은 누구인가?" 그는 그 사람들은 교회의 일부인데, 그 이유는 교회가 영적인 이스라엘이기 때문이라고 대답했습니다. 또한 나는 그에게 하나님이 이스라엘에게 주신 모든 약속들이 이런 저런 모양으로 교회를 통해 영적으로 다 이루어졌다고 믿느냐고 물었습니다. 그는 그렇다고 대답했습니다. 나는 이렇게 말했습니다. "참 흥미롭군요. 그다지 중요하지 않은

12. 전부 지키지 못하면 소용 없습니다

종말론의 문제가 교회에 대한 당신의 교리에 철저하게 영향을 미친 것을 보면 말입니다." 이것을 바울의 용어로 바꾼다면 다음과 같습니다. "작은 누룩 하나가 온 덩어리를 뜨게 하느니라"(갈라디아서 5:9).

이것을 다른 방식으로 생각해 봅시다. 당신이 비행기로 로스앤젤레스에서 하와이까지 여행을 한다고 합시다. 이륙하기 직전에 조종사가 방송을 통해 다음과 같이 말합니다. "승객 여러분, 항공기의 방향 감각 장치에 약간의 문제가 생겼습니다. 그러나 걱정하지 마십시오. 우리는 2도 이상은 항로에서 벗어나지 않을 것입니다." 로스앤젤레스를 떠날 때 2도를 벗어나는 것은 별것이 아닙니다. 그러나 태평양 상공을 3000마일 정도 날아갔을 때, 우리는 아무 희망도 없이 길을 잃고 말 것입니다. 그 큰 섬 하와이는 어디에도 보이지 않을 것입니다.

분명히 말씀드리지만, 가장 좋은 방법은 약간의 항로 이탈도 피하는 것입니다. 교리의 문제에 있어서는 성경을 찾아보고, 모든 것을 확인하고, 사람들의 열정적인 논쟁에 말려드는 것을 피하는 것이 필수적입니다. 그것이 바로 우리가 은혜 안에 서는 방법입니다.

값비싼 경계
속지 마십시오. 이러한 경계에는 희생이 따릅니다. 처음부터 복음 선포에는 반대와 핍박이 따랐습니다. 바울은 이에 대해 다음과 같이 언급했습니다.

> 형제들아, 나 곧 내가 아직도 할례를 선포한다면 어찌하여 아직도 핍박을 받겠느냐? 그렇다면 십자가의 실족하게 하는 것이 그쳤으리라(갈라디아서 5:11).

만약에 바울이 하나님 앞에서 의롭게 되는 것은 연이은 선한 행위로 얻을 수 있다고 가르쳤다면, 기독교에 대한 반대는 없었을 것입니다. 그러나 그리스도의 십자가는 항상 거치는 것이 되어 왔습니다.

십자가는 하나님 앞에서 의로워질 수 있는 길이 오직 하나뿐임을 보여 줍니다. 그리스도 안에서만 구원이 있다는 참된 메시지는 사람들에게 거치는 것이 됩니다. 왜냐하면 그것은 너무 협소하고 배타적이기 때문입니다. 십자가는 세상을 향하여 영생의 소망은 오직 한 길, 예수 그리스도의 죽음과 부활이라고 선언합니다. 바울이 말한 것의 핵심은 이런 것입니다. "내가 자유롭기 원하여, '그것이 당신에게 효력이 있다면, 할례도 괜찮습니다' 라고 말한다면, 아무도 나를 핍박하지 않을 것입니다. 그러나 나는 진리를 고수하려 했기 때문에 핍박을 받는 것입니다."

바울은 절대로 말하기를 주저하는 사람이 아니었습니다. 할례의 문제를 극구 주장하는 사람들에 대항하여 직격탄을 날리는 바울의 강한 언사를 통해서, 우리는 그의 진리에 대한 대단한 헌신을 엿볼 수 있습니다. 그는, "나는 너희를 어지럽히는 자들이 아예 잘려 나가기를 원하노라"고 갈라디아서 5장 12절에서 말하고 있습니다. 킹 제임스 흠정역 성경에 "잘려 나가다"로 번역된 용어는 문자적으로 '거세하다' 혹은 '삭제하다' 라는 뜻입니다. 바울이 이 구절을 통해 전달하고자 했던 바는, "만일 이 거짓 선생들이 약간의 육체를 절단하는 것이 우리를 의롭게 할 수 있다고 믿는다면, 그들이 의기 투합해서 그들이 그 일에 종사하고 있을 때, 그들 자신에게 먼저 그것을 행하는 것이 어떨까!" 라는 의미였습니다. 바울의 진술을 현대적인 예로 바꾸어 본다면, 다음과 같을 것입니다. "세례를 통해 의로워질 수 있다고 말하는 사람들이 의기 투합해서 세례를 행하다 물 속에 가라앉아 버렸으면 좋겠다!" 바울은 영광스러운 은혜의 복음을 왜곡시키는 무리들을 향해 그의 격한 감정을 터트린 것입니다.

이러한 사태의 진전이 바울의 마음을 얼마나 아프게 했을까를 생각해 보십시오. 그 전에 이 교회 안에서는 성령께서 역사하셨고, 교인들은 하나님을 사랑하고 서로를 사랑했습니다. 이 거짓 선생들이 나타나기 전까지는 주님 안에서 모두 하나가 되었습니다. 그들이 자기 나름대로의 복음을 들고 나오면서부터, 분열이 생기고 분파가 생기기 시작했습니다. 그들이 누리던 아름다운 사랑과 교제는 오랜 날의 추억이 되고 말았습니

12. 전부 지키지 못하면 소용 없습니다

다. 그들의 가르침에 대한 바울의 위협적인 선언이 그토록 노골적인 것은 그다지 이상한 일은 아닙니다!

고맙소, 바울 선생!

예수 그리스도의 영광스러운 구원의 은혜를 누리고 있는 우리들은 바울에게 많은 감사의 빚을 지고 있습니다. 그가 없었다면, 당시 교회에 속한 많은 사람들이 유대교의 또 다른 종파의 일부가 되었을 것입니다. 그러나 굳건히 서서 예수 그리스도의 은혜 안에 새로운 믿는 자들을 세운 사람은 바로 바울이었습니다. 이렇게 저항하기 위해서 그는 많은 대가를 치러야 했습니다. 그는 핍박을 받고 비방을 받았으며, 사역하는 동안 대부분 사나운 반대에 부딪혔습니다. 그러나 그럴 만한 가치가 있었습니다. 그래서 그는 생을 마감할 즈음에 다음과 같은 감동적인 기록을 남길 수 있었습니다.

> 내가 선한 싸움을 싸우고 나의 달려갈 길을 마치고 믿음을 지켰은즉 이후로는 나를 위하여 의의 관이 예비되어 있나니 주 곧 의로우신 심판자께서 그 날에 그것을 내게 주실 것이요, 내게만 아니라 그분의 나타나심을 사랑하는 모든 자들에게도 주시리라(디모데후서 4:7,8).

하나님이 우리에게 진리를 위해 싸울 수 있는 은혜와 사랑 안에서 그것을 다른 사람들과 나눌 수 있는 지혜를 주시기를 기도합니다. 우리가 예수 그리스도와 진리를 아는 지식 안에서 확고하게 설 수 있게 해주시기를 기도합니다. 하나님이 우리에게 그토록 풍성하게 부어주신 복과 자유의 엄청난 깊이를 깨닫게 해주시기를 기도합니다. 그리고 우리가 하나님의 영광스러운 은혜 안에 굳건히 서서 그분의 아름다운 사랑 안에서 걸을 때, 이러한 복들을 날마다 누릴 수 있기를 기도합니다.

13
은혜

왕가의 가족들

어릴 때 당신은 왕가의 자녀로 태어난다면 어떤 삶을 살게 될까를 생각해 본 적이 있습니까? 가난한 환경에서 자란 사람들은 아마도 부자로 사는 것은 어떤 것일까를 상상하며 상당한 시간을 보냈을 것입니다.

우리는 부유한 가정 출신이 아닐 수도 있습니다. 그러나 성경은 우리와 그리스도의 관계 때문에 우리가 믿음을 통한 후손들의 영적인 나라가 된다는 것을 분명하게 말해 주고 있습니다. 바울은 이것을 다음과 같이 기록합니다.

> 너희가 그리스도께 속한 자면 곧 아브라함의 씨요 약속에 따른 상속자니라(갈라디아서 3:29).

우리의 참된 유산을 거슬러 올라가 보면, 우리는 우리의 신분이 더 이상 유럽이나 아시아나 아프리카에 그 뿌리를 두고 있지 않음을 발견하게 됩니다. 우리는 은혜로 말미암아 아브라함에게 주신 하나님의 약속의 성취인 그리스도께로 이어지는 우리의 참된 혈통을 추적할 수 있습니다. 그리고 이러한 특별한 관계 때문에 우리는 이제 바로 그 하나님의 왕국의 상속자들입니다.

상속자란 무엇입니까?
큰 상속을 받은 여섯 혹은 일곱 살 된 아이는, 이론적으로 말하면 매우 부자입니다. 그러나 이 아이가 성년의 나이에 이를 때까지는, 그의 부모가 유언서에 규정한 대로 그는 그 집안에 고용된 하인보다 실제적인 신분상 더 나을 것이 없습니다. 물론 상속자의 모든 물질적인 필요들은 채워질 것입니다. 그러나 그가 성년의 나이가 될 때까지는 그의 상속 재산의 처리에 관해 결정의 권한을 갖지 못할 것입니다.

바울이 기록한 것처럼, 바울 시대 이후로도 상속자의 이러한 형편은 크게 바뀌지 않았습니다.

> 이제 내가 말하노니 상속자가 모든 것의 주인이나 아이일 때에는 전혀 종과 다르지 아니하고 아버지가 정한 때까지 가정 교사들과 감독하는 자들 밑에 있느니라 (갈라디아서 4:1,2).

바울은 상속자가 그 재산을 관리할 모든 책임을 맡은 청지기의 권한 아래 있다는 사실을 설명하고 있습니다. 전형적으로, 지정된 그 사람은 그 아이가 어른이 될 때까지 그의 자라는 과정을 감독하고, 그에게 옳고 그른 것을 가르칩니다.

로마 사회에서 남자 아이는 7세가 될 때까지 유아로 간주되었으며, 이 때부터 17세가 될 때까지는 어린이의 신분을 나타내는 작은 자주빛이 나는 띠를 두루마기에 두르고 다녀야 했습니다. 17세가 되면, 그는 자주빛 띠가 없는 다른 두루마기를 받게 되는데, 그것은 그가 성년인 남자가 되었다는 표시였습니다. 그러나 25세가 될 때까지는 여전히 상거래를 할 수 있는 법적인 권리를 누리지는 못했습니다.

유대 문화에서는 이런 것들이 좀 더 단순했습니다. 열 두 살이 되는 남자 아이는 '바 미츠바' [bar mitzvah]라고 알려진 의식을 거쳐야 했는데, 이 의식을 통해 그는 완숙해진 '언약의 아들'이 되는 것입니다. 그 소년의 아버지는 일어나서 그가 더 이상 자기 아들의 행동에 대해 책임이

13. 왕가의 가족들

없다는 것에 대한 감사의 기도를 올립니다. 그 다음에 그 소년은 성인으로서 자신에 대한 개인적인 책임을 받아들이는 기도를 올립니다.

바울은 이 잘 알려진 성년으로의 변화를 하나님의 백성과 율법의 관계를 설명하기 위한 예로 사용했습니다. 이스라엘이 율법 아래 놓이게 되었을 때, 그것은 하나님의 약속의 상속자가 되었습니다. 그러나 그 나라가 율법 아래 있는 한, 그들의 영광스러운 유산에 대한 약속은 이루어지지 않을 것이었습니다. 그들은 소위 "충만한 때가 이르는" 그 날, 즉 하나님이 그의 아들을 주심으로 모든 약속을 이루시는 날을 기다리고 있었습니다. 그래서 그 때까지 이스라엘은 율법의 통제 아래 있는 어린 아이와 같았습니다.

율법의 속박
율법은 음식물에서부터 상거래와 결혼 관계에 이르기까지 일상 생활에 관련된 거의 모든 문제들을 다루었습니다. 하나님의 백성이 유년기에서 성년기로 나아갈 때, 즉 마침내 그들에게 약속된 상속의 모든 이점들을 누릴 수 있을 때까지 율법은 그들을 엄격하게 감독했습니다. 이스라엘에게는 메시아의 오심을 통하여 하나님과 새롭고 놀라운 관계를 갖게 될 약속이 주어졌으나, 이 약속은 아버지가 정하신 그 때까지는 성취될 수 없었습니다.

율법은 개인들과 사회 전체 모두가 질서와 조화를 이루며 살 수 있도록 기본 골격을 제공했습니다. 그러나 만일 이러한 외적인 지침들이 하나님과의 관계에서 우리가 얻을 수 있는 전부라면, 우리는 율법의 속박 아래 있는 우리 자신을 발견하게 됩니다. 이것이 바로 바울이 다음과 같이 말했던 이유입니다. "이와 같이 우리도 아이였을 때에 세상의 초등 원리 밑에서 종노릇 하였느니라" (갈라디아서 4:3).

바울이 "세상의 초등 원리"를 언급할 때, 그는 우리가 삶의 기본이라고 부르는 것들에 대해 말하고 있는 것입니다. 모세의 율법은 일상 생활에서의 근본적인 '해야 할 것' 과 '해서는 안 될 일들' 에 관련하여 상당히 효과적이었습니다.

사도행전 15장에 따르면, 최초의 교회 회의는 믿는 자들의 삶을 통제하는 행위에 대한 복잡한 규칙의 문제를 매우 강하게 다루었습니다. 그러나 나는 항상 그것이 얄궂은 것임을 발견합니다. 믿는 자들은 더 이상 외적인 행위에 대한 규칙들을 노예처럼 지키지 않아도 된다고 그들이 결론을 내렸음에도 불구하고, 여전히 많은 교회들이 교인들에게 그와 비슷한 통제를 가하려고 애씁니다.

나는 어떤 옷을 입어야 하고, 또 어떤 헤어 스타일이 적절하고 적절치 않은지를 여성 교인들에게 말해 줄 수 있는 거룩한 위임권을 교회가 가지고 있다고 믿는 그런 곳에서 자랐습니다. 그 교회의 지도자들은 그들이 여자들의 화장법에 대한 하나님의 의견에 관하여 계시를 받았다고 믿는 것처럼 보였습니다. 우리는 어린 아이들로서 무엇은 할 수 있고, 무엇은 할 수 없는가에 대한 끝없는 명령들을 받았습니다. 나는 그 교회가 우리를 모세의 율법 아래로 다시 몰아넣었다고까지 말하지는 않겠습니다. 그러나 그것이 너무나 무거운 죄책감과 속박을 내게 지어 주었기 때문에 나는 끊임없이 회개하며 살아야 했습니다.

율법은 성령이 우리에게 주시기 원하는 부요하고 충만하고 자유로운 삶으로 우리를 절대로 인도하지 못합니다. 그것은 죄책감과 좌절만 가져다 줄 뿐입니다. 그러나 다행스럽게도 율법이 그 이야기의 끝은 아닙니다.

그 때가 이르러
바울 시대에는 상속 수여를 주관하는 법적 절차가 매우 명확했습니다. 어린 아이가 유언에 명시된 성년의 나이에 이르면, 더 이상 후견인이나 청지기가 그를 감독할 필요가 없었습니다. "충만한 때" 가 이르러, 성년

13. 왕가의 가족들

의 나이가 되면, 그 상속자는 약속된 것을 그 즉시 받을 수 있었습니다. 바울은 바로 이것을 마음에 두고 다음과 같이 기록했습니다.

> 그러나 충만한 때가 이르매 하나님께서 자신의 아들을 보내사 여자에게서 나게 하시고 율법 아래 있게 하셨나니(갈라디아서 4:4).

예수님이 오신 이후로 우리는 하나님이 약속하신 충만한 복을 경험할 수 있습니다. 그러나 '충만한 때가 이른다' 는 개념에는 또 다른 면이 있습니다. 왜 하나님은 그분의 아들을 보내시기 전 거의 1400년 동안 그분의 백성들을 율법 아래 살게 하셨는지 생각해 본 적이 있습니까? 솔직히 말해서, 우리는 절대로 하나님의 시간대를 완전히 이해할 수는 없습니다. 그분의 길은 우리의 길과 다르고, 그분의 생각은 우리의 생각과 다릅니다. 그러나 인류의 역사를 잠시 살펴보면, 예수님이 인류를 찾아오신 때가 왜 특히 적절했는가를 알 수 있는 분명한 이유들을 많이 볼 수 있습니다.

첫째로, 그리스도께서는 유례 없는 평화의 시대에 태어나셨습니다. 그리스도의 탄생 전부터 그분의 생애에 이르는 13년이 넘는 기간 동안은 로마의 야누스(Janus) 신전으로 가는 문들이 닫혀 있었습니다. 로마가 전쟁을 할 때마다 이 신전은 야누스 신에게 승리를 비는 사람들로 붐볐습니다. 그러나 그리스도의 시대에는 '팍스 로마나' [*Pax Romana*], 즉 로마의 지배에 의한 평화가 굳건히 이루어졌습니다. 로마는 또한 온 제국을 가로지르는 잘 설계된 도로망을 구축하면서 운송에서 장족의 진보를 이루었습니다. 또한 명확하고 표현이 풍부하며, 놀라울 정도로 구체적인 언어인 헬라어가 로마 지배하에서 전 세계의 공통어가 되었습니다.

이러한 모든 요소들은 1세기에 복음이 급속도로 퍼져나가는 데 공헌했습니다. 하나님은 온 인류를 위한 그분의 사랑과 용서의 메시지가 온 세상을 강타할 수 있는 전략적인 순간이 오기를 기다리셨을 것입니다.

또한 바울이 그리스도께서 하나님 아버지에 의해 "보내졌다"고 말한 것에 주목하십시오. 이것은 그리스도의 영원한 미리 존재하심뿐만 아니라, 예수님이 그 마음에 구체적인 목적을 가지고 오셨다는 것도 함축하고 있습니다. 예수님은 인류의 구속을 완성하기 위하여 이 세상에 보내진 것입니다. 그분은 인간이 하나님과 친밀한 관계를 가지며 그분의 약속된 복의 충만함으로 들어갈 수 있게 하는 언약을 세우기 위해 오셨습니다.

바울은, 또한 하나님이 예수님을 "여자에게서 나게 하시고, 율법 아래 있게 하셨다"고 말합니다. 이처럼 탄생에 관한 말씀은 성경에 제시된 메시아에 대한 최초의 약속을 강하게 암시합니다. 창세기 3장 15절에서, 하나님은 여자의 후손이 에덴 동산에서 사탄이 초래한 하나님으로부터의 분리와 죽음의 역사를 소멸시키며, 뱀의 머리를 상하게 할 것이라고 약속하셨습니다. 또한 예수님을 "율법 아래 있게 하셨나니" 라는 구절은 그리스도께서 유대인으로 태어나셨고, 먼저 유대인을 구속하기 위해 보내지셨음을 상기시켜 줍니다. 그분은 하나님의 백성이 마침내 영적인 어른이 되어 그들의 영적인 상속 전체를 받아 누릴 수 있게 하기 위해 오셨습니다. 그들은 오직 예수님을 통해서만 하나님 아버지로부터 오는 그들의 상속을 받을 것이었습니다.

얼마나 좋으신 아빠인가!
지금은 하늘 나라로 가셨지만 갈보리 채플 초창기부터 모임에 참여했던 아이바 뉴먼(Iva Newman)이라는 이름의 여성도를 나는 종종 그리워합니다. 나는 그녀가 기도하는 것을 듣기를 좋아했습니다. 그녀는, "사랑하는 아빠!" 라고 부르곤 했습니다. 얼마나 그 말이 듣기 좋던지요! 그녀는 아름답고 친밀한 하나님과의 교제를 누렸습니다. 그녀는 그녀의 '사랑하는 아빠' 이신 하나님과 관계를 맺었습니다.

당신은 그리스도의 죽음과 부활이 그와 같은 부요하고 친밀한 관계를 당신에게 가져다 주었다는 것을 알고 계십니까?

13. 왕가의 가족들

이것이 바로 바울이 다음과 같이 기록한 것의 요점입니다.

> 너희가 아들이므로 하나님께서 자신의 아들의 영을 너희 마음속으로 보내사, 아바, 아버지 하고 부르짖게 하셨느니라(갈라디아서 4:6).

우리는 이 구절에서 삼위 하나님 전체가 믿는 자의 삶에 관여하시는 놀라운 그림을 보게 됩니다. 하나님 아버지께서 그분의 아들의 영을 우리 마음 가운데 보내 주십니다. 로마서 8장 15절과 16절에 있는 병행 구절은 하나님의 영이 친히 우리 영과 더불어 우리가 하나님의 자녀인 것을 증거한다고 말합니다. 이러한 관계는 오직 우리가 온전한 영적인 중생을 경험할 때만이 가능합니다. 예수님 자신이 다음과 같이 말씀하신 것처럼 말입니다.

> 육에서 난 것은 육이요, 성령에게서 난 것은 영이니 내가 네게 이르기를, 너희가 반드시 다시 태어나야 하리라, 한 것에 놀라지 말라(요한복음 3:6,7).

우리가 영적으로 거듭 날 때, 우리는 바울의 '아바' [Abba]라는 용어의 사용에 의해 전형이 된 하나님과의 놀라울 정도로 친밀한 관계 가운데로 들어가는 능력을 얻게 됩니다.

'아바' 라는 호칭은 '아버지' 에 대한 애칭입니다. 그것은 아람어인데, 지금도 이스라엘에 가면 아이들이 "아바! 아바!" 라고 부르는 소리를 흔히 듣게 됩니다. "아빠! 아빠!" 하고 부르는 것이지요.

예수님도 종종 이 호칭을 사용하셨습니다. 그분의 제자들은 그분이 기도 생활 가운데 그것을 매우 자주 사용하시는 것을 들었기 때문에 그들은 그 말을 헬라어로 번역하지 않았을 것이라는 사실은 의심할 필요가 없습니다. 제자들은 예수님이 그분의 아버지와 함께 공유하던 것과 같은 따뜻함과 친밀함을 얻기 원했기 때문에 아람어의 표현을 그대로 사용했을 것입니다.

우리가 하나님과 동행할 때, 그분은 이와 동일한 개인적인 사랑의 관계를 우리와 함께 나누고 싶어 하신다는 것을 아는 것은 얼마나 놀라운 일인지 모릅니다! 우리는 너무 자주 하나님을 위대하시고 멀리 떨어져 계시는 전능하신 창조주로만 보는 경향이 있습니다. 그러나 하나님은 우리가 그분을 우리를 사랑하시는 아버지, 심지어 우리의 아빠로 알게 되기를 바라고 계십니다.

어떤 이들은 이러한 친밀함을 불경스러운 것으로 보는 사람도 있습니다. 그러나 이러한 수준의 친밀한 관계로 우리를 부르신 분은 바로 하나님 자신이십니다. 내가 이탈리아 성도들과 함께 기도회를 가졌던 일이 생각납니다. 나를 위해서 그들은 영어로 기도했지만, 그럴 때조차도 그들은 계속 하나님을 "파파" [Papa]라고 불렀습니다. 처음에 나는 이것이 너무 격식을 벗어나고 있다고 생각했습니다. 그러나 잠시 심사 숙고한 후에, 나는 생각을 달리 하게 되었습니다. 그 표현에는 바로 성경이 말하고 있는 사랑과 친밀함의 깊이가 있었습니다.

하나님이 지금 두려워하고 주눅 들린 노예가 아니라 매우 사랑스런 자녀로서 우리를 그분의 임재 가운데로 기꺼이 맞이하신다는 것은 얼마나 놀라운 일입니까! 아버지와 자녀의 관계가 바로 이와 같아야 하지 않겠습니까? 나의 자녀들이 나의 집을 방문할 때, 그들은 차려 자세로 나에게 경례하지 않으며, 나와 대화할 때도 결코 두려움으로 떨지 않습니다. 그들은 온갖 예의와 절차를 갖추면서 내게 다가와, "오! 경애하는 아버님, 오늘 미천한 소자의 무지한 청을 들어 주시옵소서" 라고 하지 않습니다. 보통 이렇게 하지요. "아빠! 5달러만 주세요. 설명할 시간 없으니까 그냥 좀 주세요. 나중에 가르쳐 드릴께요!"

하나님은 우리가 하나님과 함께 하는 동안 우리의 마음이 쉼을 얻고 재충전되기를 원하십니다. 그분은 우리가 그분을 편하게 느끼고, 그분과의 관계 속에서 자유를 누리며 솔직하기를 원하십니다. 우리의 삶이 하나님 앞에서는 어떤 식으로든 다 펼쳐 놓은 책과 같기 때문에 우리가 그런 식으로 느끼는 것이 나을 것입니다. 하나님은 우리가 우리 자신을 아는

13. 왕가의 가족들

것보다 우리를 더 잘 알고 계시기 때문입니다.

하나님은 우리와 그분과의 관계가 차갑고 서먹서먹하고 거리감 있는 관계가 되기를 원치 않으십니다. 하나님은 우리가 우리의 마음속 깊은 곳에서 그분의 사랑을 인격적으로 깨달아 알기를 원하십니다. 이러한 친밀함을 전달하는 표현이라면 어떤 것이든 받아들여질 수 있습니다. 그것이 "아버지" 이든지, "아빠" 혹은 심지어 "파파" 이든지 말입니다.

이상적인 아빠

하나님은 가장 순결하시고, 가장 진실하시고, 가장 거룩하신 우리의 아버지이십니다. 그분은 이상적인 아버지이십니다. 안타깝게도, 우리의 부패한 문화가 아이들의 마음속에 있는 아버지 상을 파괴하고 말았습니다. 이것은 정말 비극입니다. 나는 매우 친밀하게, 또 영광스럽게 내가 하나님과 관계를 맺도록 도와주시는 나의 경건하신 아버지로 인해 하나님께 감사를 드립니다. 나는 삶에서 경험한 부패한 아버지의 모습 때문에 하나님의 부성(父性)과 관계를 맺지 못하는 사람들을 보면, 정말 마음이 안타깝습니다.

당신이 어떤 경험을 가지고 있다 할지라도, 하나님은 당신이 가장 친밀한 교제 가운데서 그분과 관계를 맺기를 원하시며, 또한 그분을 사랑이 많으시고 의로우신 아버지, 거룩하고 순결하며 자녀를 돌보시는 아버지로 알기를 원하십니다. 우리 마음 가운데 계신 그분의 영이 "아바! 아빠! 아버지!" 라고 외치고 있습니다.

하나님은 우리가 그분을 더욱 더 사랑할 수 있도록 우리에게 그분의 자비와 선하심을 풍성히 베풀어 주시며, 우리에게 그분의 사랑을 부어 주실 수 있습니다. 이것이 바로 인간을 향하신 하나님의 목적입니다. 이러한 하나님의 목적이 당신 안에 이루어질 때까지는, 즉 우리가 친밀하고 인격적인 방식으로 하나님과 관계를 맺을 때까지는, 마음속으로부터 "오, 아바!"라고 부르며 그것을 느낄 때까지는, 당신의 삶은 결코 온전해질 수 없습니다.

아버지들에게 물어 봅시다. 당신의 아이가 처음으로 "아빠"라고 부르던 때를 기억하십니까? 그것은 구별할 수 있는 것이며, 당신은 그것을 완전히 알아들었을 것입니다. 내 딸 아이는 매우 똑똑했습니다. 처음 입을 뗀 말이 "아빠"였으니까요. 그것은 정확하고 분명했습니다. 나는 뒤돌아서면서 외쳤습니다. "뭐라고?" 나는 그 순간 주위에 아무도 없는 것이 못내 속상했습니다. 왜냐하면 누구도 믿지 않을 것이기 때문입니다. 나는 다시 해보라고 시켜 보았지만, 그 아이는 함박 웃음만 지을 뿐 다시 그것을 반복하지 않았습니다. 그렇지만 나는 분명히 들었거든요! 얼마 되지 않아 그 아이는 많은 사람들 앞에서 그렇게 불렀고, 나는 너무 기뻤습니다.

우리가 처음으로 "오, 아바!"라고 불렀을 때, 하나님은 그것을 들으시고 너무 기쁘셨을 것이 확실합니다. 우리가 마음속으로 '봐, 저 분이 나의 아빠야. 저 분이 나의 아버지라구!'라고 말할 때부터 그 관계는 시작됩니다. 놀라운 것은 이것이 하나님과 우리의 풍성한 교제의 시작에 불과하다는 것입니다.

하나님의 상속자들

우리의 '아바' 이신 하나님과의 관계로 들어가는 것만도 이해할 수 없을 정도로 엄청난 일인데, 이것이 이야기의 끝이 아닙니다. 바울은 우리에게 다음과 같이 말합니다.

> 그러므로 네가 더 이상 종이 아니요 아들이니 아들이면 그리스도를 통한 하나님의 상속자니라(갈라디아서 4:7).

우리가 그분의 양자로서 하나님과의 관계에 들어감으로써, 우리 마음 가운데 계신 그분의 영이 "오, 아바!"라고 부르게 하시고, 이제 우리는 하나님의 상속자가 되는 것입니다. 우리는 하나님의 영원한 왕국의 상

13. 왕가의 가족들

속자입니다.

우리 아버지는 우리를 너무 사랑하셔서, 우리를 그분의 상속자로 삼아 주셨는데, 이 영적 상속은 하나님이 의도하신 바에 따르면, 우리의 삶 가운데 매우 실제적이며 현재적인 복입니다.

어떤 이들은 믿는 자가 그분의 상속을 누리기 위해서는 천국에 갈 때까지 기다려야 한다는 실수를 범하는데, 어떤 것도 이보다 진리로부터 더 멀리 있는 것은 없을 것입니다. 성경은 하나님 나라의 특징은 의와 성령 안에서의 희락이라고 말합니다(로마서 14:17 참조). 우리는 이 놀라운 복을 지금 바로 여기서 누릴 수가 있습니다. 지금 당장 모든 지각에 뛰어난 하나님의 평강이 우리의 마음과 생각을 지켜 주실 수 있습니다. 지금 당장 우리의 영혼은 말할 수 없는 기쁨으로 흘러넘치며 영광으로 충만할 수 있습니다. 우리는 예수 그리스도께서 이루신 일을 믿음으로 온전히 의롭다함을 받았기 때문에 죄의식과 두려움으로부터 해방되는 자유를 경험할 수 있습니다.

여러분, 그것이 전부가 아닙니다!
이러한 것들은, 하나님이 우리를 예수님과 함께 공동 상속자로 만들어 주셨기 때문에, 이미 우리에게 주어진 영광스러운 상속의 몇 가지 요소들에 지나지 않습니다. 하늘에 계신 우리 '아빠'의 놀라우신 사랑과 은혜로 말미암아 우리는 가장 높은 복의 자리에 들어갈 수 있습니다.

그러나 그것도 아직 전부는 아닙니다. 예수님은 그분이 그분의 오른편에 있는 자들에게 다음과 같이 말씀하실 날이 올 것이라고 말씀하셨습니다.

> 내 아버지께 복 받은 자들아, 너희는 창세로부터 너희를 위하여 예비된 왕국을 상속받으라(마태복음 25:34).

나는 하나님의 상속자이며 왕의 양자입니다. 그러므로 만약 나의 아버지가 우주의 왕이시라면, 그것은 나를 틀림 없이 찰스 황태자와 같은 존재로 만듭니다!

그것은 또한 당신을 왕자와 공주로 만듭니다. 그것은 당신을 그 왕국의 상속자로 만듭니다. 하나님은 당신이 바로 그 왕국을 받아 누리며, 그분과 함께 공유하기를 원하십니다. 이럴 때만이 인간은 하나님과의 충만하고 완전하며 친밀한 교제 가운데로 들어가고, 인류를 향한 하나님의 목적들은 성취될 것입니다.

하나님의 무한하신 사랑과 우리를 향하신 돌보심을 깨달음으로 지금 우리가 느끼는 그 따뜻함과 안정감으로 인해 우리의 마음이 감사로 흘러 넘칠 수 있습니다. 하나님이 우리를 돌보시고, 우리를 지켜 주시고, 그분의 사랑 안에 우리를 품어 주신다는 확고한 지식 안에 어떤 힘이 있는 것일까요? 이는 새로운 삶 가운데 그분과 동행할 수 있도록 우리에게 엄청난 자원을 허락하시고, 우리의 편이 되셔서 모든 걸음마다 우리를 든든히 뒤에서 받쳐 주시는 아버지가 계신다는 것을 우리가 확인할 수 있다는 것입니다.

우리의 '아바' 는 거치는 일로부터 우리를 보호하시고, 그분의 임재 앞에 기쁨으로 우리를 흠 없이 서게 하시는 일에 전념하십니다(유다서 24절 참조). 그분은 우리를 자녀 삼으시고, 우리 주 예수 그리스도를 통해 썩지 않는 상속을 우리에게 주셨습니다. 그러나 우리가 그것을 받을 자격이 있어서가 아닙니다. 우리가 노력해서 얻은 것은 더 더욱 아닙니다. 이 모든 것은 오직 그분의 부요하신 자비와 은혜로 말미암아 가능해진 것입니다.

우리가 거듭 날 때, 우리가 독특한 방법으로 영적으로 부유하게 되고, 또한 그 용어의 참되고 가장 좋은 의미 그대로 왕가의 구성원이 된다는 것을 발견하게 되는 것이 우리에게 얼마나 놀라운 일인지 모릅니다! 우리

13. 왕가의 가족들

가 하나님의 자녀들이기 때문에 우리는 그 왕국의 왕자와 공주가 됩니다. 그리스도께서 우리를 위하여 행하신 일 때문에 우리는 썩지도 아니하고, 더러워지지도 아니하고, 퇴색하지도 않을 기업을 상속받게 될 것입니다. 그리고 그것은 우리들 모두가 영원 무궁토록 이것을 누릴 수 있도록 기다리고 있습니다.

14
은혜

우리의 유일한 책임

신약 성경의 메시지는 단순하고, 직접적이며, 명백합니다. 우리는 우리가 행한 어떠한 선한 행위에 근거하지 않고, 오직 믿음을 통해 하나님의 은혜로 구원을 받습니다. 그리스도인의 오직 한 가지 책임은 하나님이 값없이 주시는 사랑과 은혜를 믿는 것입니다.

이 분명한 메시지는, 우리가 그리스도를 신뢰하면서 어떤 규칙들을 지키거나 어떤 의식을 행하기를 원하는 사람들의 가르침과는 현저하게 다릅니다. 이 선생들은 그들의 메시지를 복음이라고 부르지만, 그것은 전혀 복된 소식이 아닙니다. 그들은 우리가 하나님께 받아들여지기 위해서는 그에 합당한 일을 할 필요가 있다고 주장합니다. 의로움으로 가는 양대 요건으로 율법과 행위를 은혜와 함께 나란히 놓는 것입니다. 그러나 이 선생들과는 반대로, 신약 성경은 우리를 의롭게 하는 것은 율법과 행위가 아니라, 하나님의 은혜와 우리의 믿음의 반응이라고 선언합니다.

그래서 우리는 둘 중 하나를 선택해야 하는 상황에 처해 있습니다. 의로움은 반드시 오직 그리스도에 대한 믿음으로 얻게 되거나, 아니면 하나님의 율법을 완전하게 지킴으로 얻게 됩니다. 믿음으로 하나님 앞에 의롭게 서는 것과 행위에 의한 구원은 서로 배타적입니다. 우리가 하나님 앞에서 의로워지려 할 때, 우리는 둘 중 하나를 선택해야 하며 양쪽을 절충하는 중간 입장을 취해서는 안 됩니다.

아브라함은 단순히 하나님을 믿은 사람이었고, 하나님은 그를 의롭다고 여기셨습니다. 우리는 아브라함과 같은 입장을 취하고 있으며, 그가 누렸던 것과 동일한 복과 약속의 상속자입니다. 이러한 특권의 자리는 오직 믿음으로 얻는 것이지, 율법이나 규칙들을 지킴으로 얻는 것이 아닙니다. 만일 우리가 믿음보다 우리의 행위로 하나님 앞에 의롭게 되려 한다면, 우리는 저주 아래 있는 우리 자신을 발견하게 됩니다. 이 규칙에는 예외가 없습니다.

만일 우리가 하나님 앞에 확실히 받아들여진다는 소망의 근거로 율법을 바라본다면, 확신을 얻을 수 있는 유일한 길은 모든 계명을 하나도 빠짐없이 철저히 지키는 것입니다. 바울은 이렇게 말했습니다.

> 율법의 행위에 속한 자들은 다 저주 아래 있나니 기록된바, 율법 책에 기록된 모든 것을 행하기 위하여 항상 그것들 가운데 거하지 아니하는 자는 다 저주받은 자니라, 하였느니라(갈라디아서 3:10).

이 말씀은 우리가 죽을 때까지는 구원을 받았는지 전혀 알 수 없다는 뜻인데, 그런 불안한 상태에서 누가 계속 살 수 있겠습니까?

당신이 모든 계명을 다 지키고, 한 번도 잘못을 범하지 않으며, 완벽한 삶을 살았다고 생각해 봅시다. 어느 날 당신이 건너가도 좋다는 신호를 받고 길을 건너가고 있는데, 갑자기 한 운전자가 빨간 불을 무시하고 달려들어 당신을 치어 쓰러뜨렸습니다. 그 차의 트랜스미션이 당신의 머리 위로 지나가는 것을 보면서, 당신은 주먹을 불끈 쥐고 그 미치광이 같은 운전자에게 욕설을 퍼부었는데, 이것이 이 세상을 떠나기 전에 당신이 내뱉은 마지막 말이라고 합시다. 그 한 가지 작은 일로 인해 당신은 표적을 맞추지 못한 것이 되어 완전함에서 멀어지고 맙니다. 결국 죄를 지은

14. 우리의 유일한 책임

것이지요. 그리고 성경은 죄의 삯은 사망이라고 말합니다.

당신은 하나님의 계명 중에 아홉 개를 완벽하게 잘 지켰을 것입니다. 그러나 만일 당신이 열 번째 계명을 지키지 못한다면, 당신은 과녁에 맞히지 못한 것입니다. 죄를 지은 것이지요. 그리고 나쁜 소식은 만일 당신이 모든 율법을 다 지키고 거기 기록된 대로 다 행하지 않으면, 당신은 죄인이라는 사실입니다. 어떤 법을 어기든 상관 없습니다. 단 하나만 지키지 못해도 당신은 실격입니다.

그러므로 당신의 선한 행위를 근거로 의롭다 여김을 받을 확률은 죽었다 깨어나도 절대로 없습니다. 당신은 이미 실격 당했고, 표적을 맞추지 못했습니다. 당신이 기대할 수 있는 것은 율법의 저주밖에 없습니다. 선한 행위로 의롭게 되는 것은 불가능합니다. 왜냐하면 그것은 불완전한 인간의 노력에 의존하기 때문입니다. 율법주의는 저주로 가는 길입니다.

반대로 참된 의로움과 복으로 가는 길은 바로 믿음의 길입니다. 왜냐하면 그것은 당신의 노력을 의지하지 않고, 예수 그리스도 안에서 당신을 향하신 하나님의 크신 자비와 풍성한 은혜를 의지하기 때문입니다. 비록 당신이 표적을 맞추지 못했을지라도, 비록 당신 자신의 노력으로 의로워지는 데 실패했을지라도, 하나님은 그분의 아들 안에서 당신을 의롭게 하십니다. 예수님은 당신이 하나님의 기준에 미치지 못한 것에 대한 책임을 대신 지시고, 당신이 결코 갚을 수 없었던 죄의 빚을 갚아 주셨습니다. 만약 당신이 그분을 믿기만 하면, 그분은 그분의 온전한 의를 당신에게 주십니다. 그리고 이제 그분을 통해 하나님과의 관계가 바로 잡히면서 당신은 하나님의 놀라운 모든 복을 누릴 수 있게 됩니다.

비극적인 실수

교회가 저지를 수 있는 가장 비극적인 실수들 가운데 하나는 믿는 자들에게 하나님을 위해 일해야 한다고 강조하는 것입니다. 당신은 다음과 같은 무거운 책망의 설교를 얼마나 자주 들어 보았습니까? "더 많이 기도해야 합니다. 더 많이 헌금해야 합니다. 더 많이 전도해야 합니다. 성경을 더 많이 읽어야 합니다. 하나님을 위해 위원회 일을 더 많이 해야 합니다!" 얼마나 자주 당신은 용기를 얻고자 교회에 갔다가 당신의 실패에 대해 책망 받고, 하나님이 당신에게 얼마나 실망하셨는가에 대해 듣고 와야 했습니까?

내가 가장 감당하기 어려운 것은 누군가 나의 실패에 대해 책망하고 무겁게 짓누르는 것입니다. 나는 내가 부족한 줄을 잘 압니다. 그렇기 때문에 아무도 나에게 내가 기도를 충분히 하지 않는다거나, 성경을 충분히 읽지 않는다거나, 헌금을 충분히 하지 않는다고 말할 필요가 없습니다. 그러한 메시지에서 내가 얻는 것은 무거운 죄책감뿐입니다. 나의 좌절감은 더 커질 뿐입니다. 왜냐하면 나는 정말 하나님을 더 사랑하고 싶고, 더 많이 기도하고 싶고, 그분과 더 깊은 교제를 나누고 싶기 때문입니다. 실패한 부분을 너무 강조하고 나무라면, 결국 우리는 달리던 경주에서 기권하고 떨어져 나가는 실패하고 낙심한 그리스도인들을 만들어 내고 맙니다.

우리가 신약 성경으로 돌아오면, 이와 얼마나 다른 메시지를 대하게 되는지 모릅니다! 그것은 하나님을 위해 우리가 해야만 하는 일을 강조하지 않고, 오히려 하나님이 이미 우리를 위해 행하신 일을 강조하고 있기 때문입니다. 우리가 하나님을 위해 할 수 있는 일은 절대로 충분할 수 없습니다. 우리의 노력으로 의로워지려고 하는 것은 우리의 불완전함 때문에 언제나 실패하고 맙니다. 그러나 하나님이 우리를 위해 행하신 일은 온전하고, 아름답고, 완벽하며, 환상적입니다. 그런데 우리가 이것을 뒤집어서, 하나님의 놀라우신 은혜 대신에 우리의 책임을 끊임없이 노래하는 것은 정말로 슬픈 일입니다! 이것이 바로 교회들의 많은 부분이 죽어가고 있는 이유입니다. 우리는 우리가 궁지에서 헤어날 수 있는 길을 보여 줄 사람이 필요하지, 우리의 실패를 상기시켜 줄 사람이 필요한 것은

14. 우리의 유일한 책임

아닙니다. 우리는 죄책감이 아니라 은혜가 필요합니다.

당신의 한 가지 의무
하나님은 당신에게 오직 한 가지 단순한 책임을 부여하셨는데, 그것은 그분의 약속을 믿는 것입니다. 비록 당신이 기도를 충분히 하지 않았을지라도, 혹은 헌금을 충분히 하지 않았을지라도, 혹은 봉사를 충분히 하지 않았을지라도, 하나님이 당신을 위해 이미 행하신 일을 믿는 당신의 믿음 때문에 당신은 하나님과의 관계로부터 오는 복을 누릴 수가 있습니다.

하나님은 예수님을 통해 당신을 하나님의 의로 만드시기 위해 당신 대신에 예수님을 죄가 되게 만드셨습니다. 당신이 단순히 예수님이 당신을 위해 행하신 일을 믿고 신뢰할 때, 예수님은 그분의 의를 당신에게 입혀 주십니다. 그분이 행하신 일은 모두 은혜의 일들입니다.

바울은 갈라디아 교회에 보낸 편지를 "은혜와 평강이 있기를 원하노라"는 인사로 시작해서, "형제들아! 우리 주 예수 그리스도의 은혜가 너희 심령에 있을지어다, 아멘!"으로 마쳤습니다. 본 서신이 하나님의 영광스러운 은혜에 날카로운 초점을 맞춘 것을 생각하면, 그의 마지막 축복 기도는 매우 의미 심장한 깊이를 가지고 있습니다. 모세의 율법이 아닌 예수님의 은혜가 갈라디아 교인들에게 가장 필요했던 것입니다. 그들의 소명은 성령의 능력 안에서 행하는 것이지, 육체의 헛된 노력으로 행하는 것이 아니었습니다.

갈라디아 교인들은 어떻게 반응했습니까? 성경은 그것에 대해 말해 주지 않습니다. 그 이유는 아마 갈라디아 교회에서 제기되었던 이 문제가 언제나 제기되는 문제로서 아직도 문젯거리가 되고 있기 때문일 것입니다. 당신은 당신 자신의 의를 의지할 것입니까, 아니면 하나님의 은혜로운 공급을 신뢰할 것입니까? 당신은 믿음을 통한 은혜로 구원을 얻는다는 단순한 메시지 안에 남아 있을 것입니까, 아니면 그리스도께서 이미 완성하신 일에 우리 자신의 의로운 일들의 목록을 더할 것입니까? 육체로 행할 것입니까, 아니면 성령 안에서 행할 것입니까? 그리스도의 십자가만을 자랑할 것입니까, 아니면 당신의 육체를 자랑하기 위해 이 세상의 인정과 보상을 추구할 것입니까?

이것들은 모든 세대의 모든 그리스도인이 씨름해야 할 문제들입니다. 당신이 어떤 대답을 선택하느냐에 따라 평강과 두려움, 교만과 겸손, 심지어는 영원한 생명과 죽음으로 나뉘게 됩니다.

나는 당신이 예수 그리스도의 은혜를 위해 싸우기를 기도하며, 사람을 기쁘게 하려는 속임수에 넘어가지 않기를 기도합니다. 또한 나는 당신이 하늘 나라에 소망을 두고, 점점 어두워지고 소망이 없는 이 세상에서 생명의 말씀을 굳건히 붙드는 가장 귀한 믿는 자가 되기를 기도합니다. 그리고 예수님이 당신을 위해서 행하신 일, 오직 그 일로 말미암아 주님께만 영광을 돌리기를 또한 기도합니다.

척 스미스의 은혜

초판 인쇄 2009. 6. 1
초판 발행 2009. 6. 3

지은이 척 스미스
옮긴이 갈보리채플 극동선교회 출판부
발행처 갈보리채플 극동선교회 출판부
ⓒ 갈보리채플 극동선교회 출판부 2009

등록 제 13-01-15-10호
330-600 충남 천안시 대흥동
천안우체국 사서함 129호
전화 041) 557-4607
홈페이지: www.FarEastMission.org

값 7,500 원
ISBN 978-89-961879-1-2